LEÇONS

DE

LÉGISLATION USUELLE

PROFESSÉES

A L'ASSOCIATION POLYTECHNIQUE

PAR

Henri VIEL LAMARE

SOUS-CHEF DE BUREAU A LA PRÉFECTURE DE LA SEINE

Licencié en droit, officier d'Académie

AVEC UNE PRÉFACE

PAR

M. FRÉDÉRIC PASSY

DE L'INSTITUT

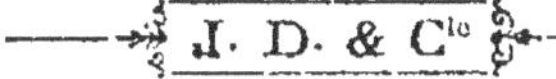

J. D. & Cie

PARIS

J. DEJEY ET Cie, IMPRIMEURS-ÉDITEURS

de l'École centrale des Arts et Manufactures, de la Société des anciens Élèves des
Écoles nationales d'Arts et Métiers et de l'Association polytechnique
18, RUE DE LA PERLE, 18

1878

LEÇONS

DE

LÉGISLATION USUELLE

Dans sa séance du 28 juin 1877, le Conseil de l'Association Polytechnique, sur le rapport du Comité des publications, a décidé l'impression des Leçons de Législation usuelle, professées par M. H. Viel Lamare.

Le Président de l'Association Polytechnique,

DUMAS,

Membre de l'Académie Française,
Secrétaire perpétuel de l'Académie des Sciences,
Vice-Président du Conseil supérieur de l'Instruction publique.

LEÇONS

DE

LÉGISLATION USUELLE

PROFESSÉES

A L'ASSOCIATION POLYTECHNIQUE

PAR

Henri VIEL LAMARE

SOUS-CHEF DE BUREAU A LA PRÉFECTURE DE LA SEINE

Licencié en droit, officier d'Académie

AVEC UNE PRÉFACE

PAR

M. FRÉDÉRIC PASSY

DE L'INSTITUT

PARIS

J. DEJEY ET Cie, IMPRIMEURS-ÉDITEURS

de l'Ecole centrale des Arts et Manufactures, de la Société des anciens Elèves de
Ecoles nationales d'Arts et Métiers et de l'Association polytechnique

18, RUE DE LA PERLE, 18

—

1878

PRÉFACE

Bossuet compare, dans une de ses oraisons funèbres, la condescendante bienveillance des grands de la terre à ces eaux qui ne sont élevées que pour se répandre et qui, en se répandant, portent au loin la fécondité et la fraîcheur.

On eût fort étonné le grand évêque, sans doute, et l'on eût étonné bien davantage ses auditeurs, si on leur eût dit qu'un jour viendrait où cette belle image serait, de l'aveu des plus illustres savants, appliquée à la science.

La science, alors, était, comme bien d'autres choses, une aristocratie fermée ; elle tend aujourd'hui, et elle ne s'abaisse pas pour cela, bien s'en faut, à devenir une démocratie.

Instruire la masse des hommes était autrefois, aux yeux de la plupart, une utopie et une imprudence ; c'est aujourd'hui, pour quiconque n'est pas aveugle, un devoir et un acte de sagesse.

C'est que l'ignorance, dans un siècle de liberté industrielle et de liberté politique, alors que chacun a entre les mains, avec son propre sort, une partie du sort des autres, n'est pas seulement un malheur individuel, elle est un danger public.

Ainsi pensaient du moins, il y a cinquante ans tout à l'heure, au lendemain d'une des révolutions qui ont traversé ce siècle, quelques jeunes gens, l'élite d'une génération énergique et brillante, lorsqu'ils jetèrent les premiers fondements de l'œuvre, alors bien modeste, actuellement puissante et forte, à laquelle ils donnèrent, en souvenir de l'école célèbre d'où ils sortaient, le nom d'*Association polytechnique.*

Ainsi ont pensé, soit vers la même époque, soit depuis, quelques-uns même à une date antérieure, les hommes dévoués qui, sous des noms divers, poursuivirent et poursuivent encore la vaste tâche de faire l'éducation du pays : *Associations philotechniques, Société pour l'instruction élémentaire, Union de la jeunesse,* etc., pour Paris et les environs ; *Sociétés philomatiques, Sociétés d'enseignement professionnel, Cercles Franklin,* ou *Bibliothèques populaires,* pour Bordeaux, Lyon, le Havre et autres localités.

Mais vivre, c'est se développer ; et se développer, c'est plus ou moins se transformer. Le chêne est en germe dans le gland, et l'homme dans l'enfant. L'enfant n'est pas l'homme, et la pousse tendre dont la frêle pointe commence à percer le sol, ne ressemble guère au tronc vigoureux qui, plus tard, projettera, dans toutes les directions, l'ombre de ses fortes branches.

Il n'y a donc pas lieu de s'étonner si, chaque jour, des formes nouvelles sont données à cette incessante propagation de la lumière, qui est la tâche commune de ces associations d'enseignement.

Au début, on avait été au plus pressé, ou à ce qui sautait le plus aux yeux, en faisant de l'instruction *populaire,* dans le sens un peu étroit qu'avait jadis ce mot. C'était *aux ouvriers,* aux seuls ouvriers, que l'on s'adressait ; et c'étaient les notions les plus simples, les plus rudimentaires, que s'efforçaient de mettre à leur portée, en se faisant volontairement petits pour les petits, ces jeunes gens déjà familiarisés avec les plus hautes spéculations et les plus ardus problèmes. Ils avaient raison, puisque c'était là ce que réclamait pour le moment l'ignorance populaire; puisque l'on en était encore à comprendre, et à faire comprendre aux intéressés eux-mêmes, que le travail n'est pas une routine aveugle et que l'intelligence n'est jamais de trop nulle part.

Mais peu à peu, et par l'effet même de ces premiers enseignements, non moins que par l'effet de l'impulsion donnée, à partir de 1833, à l'instruction primaire par les pouvoirs publics, le niveau s'est élevé et le cadre s'est étendu. Des cours nouveaux et de plus en plus variés (langues vivantes, mathématiques, littérature, comptabilité, législation, hygiène, économie industrielle, astronomie, dessin, modelage, etc.), sont venus prendre place dans les programmes, et en même temps les rangs des élèves se sont élargis. Des apprentis, des militaires, des employés, des commerçants, des industriels, et généralement tous ceux qui, à un titre ou à un autre, éprouvaient le besoin de compléter leur instruction et manquaient « du temps ou des moyens de le faire ailleurs », sont venus à ces cours. Ce n'a plus été à tels ou tels, mais à tous; *aux ouvriers*, mais **aux adultes**, que la porte a été ouverte.

Puis les *cours* proprement dits n'ont plus suffi. Il a fallu y joindre, à l'intention de ceux qui, ne pouvant suivre régulièrement un enseignement déterminé, pouvaient profiter, à certaines heures, d'une leçon détachée, des *entretiens* d'un autre caractère; et les conférences sont entrées en scène. Une nouvelle et bienfaisante émulation a fait surgir de nouveaux volontaires, et l'on a vu, à l'appel ou à la suite des Perdonnet, des Dumas, des Laboulaye et des Jules Simon, les plus illustres savants, les plus éloquents orateurs mettre leur talent à la disposition de tous et rivaliser à qui saurait le mieux tourner le pain des forts en lait pour les faibles. L'hospice même a eu ses distractions intellectuelles, et l'asile de Vincennes a vu ses hôtes oublier leurs souffrances physiques, parfois leurs douleurs morales, en écoutant des voix que pouvaient envier les facultés les plus favorisées.

Voici maintenant que c'est le tour du *livre*, et c'est encore un progrès. Les cours, quelque largement qu'ils soient ouverts, ne peuvent être suivis par tous. Beaucoup, parmi ceux qui les suivent, ou se trouvent entravés par une interruption involontaire, ou ne conservent de ce qu'ils ont entendu qu'une trace insuffisante et peu à peu effacée.

Beaucoup voudraient avoir sous la main, comme un *vade-mecum* fidèle, la substance ou le résumé des excellentes notions dont ils ont cherché à se pénétrer. Bien des traités existent sans doute, et bien des manuels aussi ; mais ils n'ont pas toujours, quels que soient d'ailleurs leurs mérites, le mérite, essentiel entre tous, d'avoir été faits en vue de la catégorie d'auditeurs qui suivent les cours de nos associations, avec l'expérience spéciale de ce genre d'enseignement, et dans cette juste mesure qui donne tout ce qu'il faut et ne donne que ce qu'il faut.

L'Association polytechnique, sur l'initiative de son illustre président, a résolu de combler cette lacune en faisant rédiger, par ses maîtres les plus éprouvés, et publier sous l'approbation de son Conseil, une série de petits volumes qui formera, sous le nom de *Bibliothèque des cours*, une véritable **encyclopédie élémentaire des connaissances utiles**. Déjà plusieurs de ces volumes, dont l'un est enrichi d'une préface de M. Dumas, un autre de quelques pages de M. Tresca, ont été mis en circulation, et l'accueil qu'ils ont reçu n'est pas de nature à faire regretter l'entreprise. D'autres ne tarderont pas à suivre, confiés, comme les premiers, à des mains sûres.

Cette fois, c'est le tour des *leçons de législation usuelle*, dues à M. Viel Lamare, l'un des secrétaires du Conseil de l'association, et l'un de ses professeurs les plus estimés. Ce ne sera pas, sans doute, la moins appréciée de ces publications. La science du droit, telle qu'on l'enseigne dans nos hautes écoles, ou telle qu'on l'apprend, par la pratique, dans l'exercice de la magistrature ou du barreau, est une spécialité qui restera, quoi qu'on fasse, lettre close pour le grand nombre ; et il ne saurait être question de nous rendre tous avocats, non plus que médecins. Mais nous pouvons tous, et nous le devrions, sous peine de tomber à toute heure dans des erreurs fatales à ceux qui nous entourent ou à nous-mêmes, savoir au moins quelles sont les obligations journalières que nous impose la loi de la société dans laquelle nous vivons, et quelles sont les prescriptions les plus impérieuses de cette hygiène à l'observation de laquelle est attaché le maintien de notre santé. « La science, » disait admirablement M. Dumas à l'ouverture du congrès de l'Association française, à Clermont, en 1876, « nous suit partout. Marcher, c'est de la physique ; respirer, c'est de la chimie. » C'est de l'hygiène que de se vêtir, de se nourrir, de se loger, de boire chaud ou froid, selon les occupations ou les saisons ; de proportionner l'alimentation à l'âge, au milieu, aux travaux ; de renouveler l'air ou de purifier l'eau, d'enlever les détritus de nos ateliers ou de nos ménages. Et selon que l'on sait ou que l'on ne sait pas se conformer à cette science usuelle de l'hygiène, c'est la mort ou c'est la vie que l'on sème et que l'on récolte. C'est du droit, de même, que de naître, de se marier et de mourir, je veux dire de faire les actes nécessaires pour constater la naissance, le mariage ou la mort. C'en est que d'exercer la puissance paternelle ou d'être tuteur, de passer un contrat, de mettre des enfants en nourrice ou d'en recevoir dans un atelier, d'exercer les fonctions de juré ou d'électeur, ou de satisfaire à ses devoirs de soldat. C'en est que de se conformer aux prescriptions de la voirie et de la police urbaine ou rurale, de balayer sa porte ou de déclarer son chien, de faire son testament ou de recueillir une succession. Et selon que l'on sait ou que l'on ne sait pas comment se font ces choses que, plus ou moins, tous nous sommes exposés à faire, on compromet ses intérêts ou on les sauvegarde, on se met en contravention avec la loi ou l'on se tient en règle avec elle, on a la paix, en un mot, ou on ne l'a pas. Cela vaut bien la peine d'y songer, peut-être, et en voilà plus qu'il n'en faut pour expliquer que les cours de législation usuelle aient été rangés par le Conseil de l'Association polytechnique au nombre de ses cours « fondamentaux », de ceux qui intéressent tout le monde et que tout le monde devrait suivre ou avoir suivis.

Quant à la compétence de M. Viel Lamare, chargé depuis bientôt dix ans de cet enseignement à la section de la rue Jean-Lantier, je n'ai pas à en parler ; l'assiduité de ses élèves et le choix du Conseil sont ses meilleurs garants. Ce ne sont pas d'ailleurs ses seuls titres. Une étude sur les *Souvenirs historiques du VIIIe arrondissement de Paris* (1), faite à l'occasion d'un concours ouvert par la municipalité de cet arrondissement, lui a valu, l'an dernier, une médaille d'or ; et je pourrais, sans en rien dire de moi-même, reproduire ici les appréciations du jury, consignées dans un rapport d'un juge délicat et diffi-

____

(1) Un volume in-12, chez Delagrave.

cile, mon savant ami M. Deltour, inspecteur général de l'Université. Mais l'approbation du Conseil de l'Association, qui ne laisse paraître ces volumes qu'après les avoir sérieusement examinés, est la plus sûre des autorités ; et il ne me semble pas qu'il convienne de faire de ces introductions, dont le but est de joindre à chaque ouvrage quelques considérations appropriées, un instrument de louange à l'usage personnel de chaque auteur.

J'aime mieux, et je crois mieux répondre ainsi à la confiance dont on m'a honoré en me demandant cette préface, ajouter à ce que je viens de dire de l'utilité de la législation usuelle un mot relatif à d'autres connaissances non moins utiles, et formuler à leur sujet un vœu que j'espère voir quelque jour exaucer par l'Association polytechnique. M. Viel Lamare, tout en maintenant son cours « dans les bornes étroites de l'utilité pratique », a cru devoir, pour rendre la science « moins abstraite, attrayante même », ne pas se priver, chemin faisant, « du secours d'autres sciences, telles que la morale et l'histoire. » Il a eu raison, et, à vrai dire, il n'eût pu faire autrement sans mutiler son sujet ; car, si les sciences ne se confondent pas, elles se touchent et souvent se pénètrent. Comment, quelque réservé que l'on soit, étudier l'état actuel des lois sans se souvenir plus ou moins de leur état passé ? Comment expliquer leurs dispositions sans se préoccuper de leur caractère et de leurs effets ? Mais parmi ces sciences, je ne dirai pas annexes, mais connexes, sur le domaine desquelles, bon gré mal gré, il faut bien de temps à autre poser le pied, il en est une avec laquelle, non moins qu'avec celle du droit, nous avons tous, à toute heure, à compter ; car les phénomènes dont elle s'occupe sont la matière même, la trame, en quelque sorte, de notre vie à tous et de notre vie de tous les jours. C'est la science de la richesse, ou pour mieux dire, du travail, la science économique, pour l'appeler par son nom. M. Viel Lamare l'a rencontrée, lui aussi ; et quand il a eu à parler du régime actuel du travail, des lois sur l'apprentissage, de la surveillance des enfants dans les ateliers, des coalitions et de maints autres sujets analogues, il lui a bien été impossible de ne pas toucher plus ou moins aux considérations économiques. Elles sont partout, à bien dire. Rossi disait, il y a quarante ans, avec l'autorité de sa situation et de son talent, qu'il « importait à l'avenir du pays de joindre à l'éducation du peuple quelques notions d'économie nationale ; » et il ne pouvait assez s'étonner de l'insouciance avec laquelle « on négligeait, dans les temps ordinaires, *cette partie essentielle de l'instruction populaire,* » au risque de ne plus pouvoir, dans les temps troublés, « faire comprendre des enseignements tardifs dont rien n'a préparé l'application, et qui ne paraissent dictés alors que par la crainte et par l'égoïsme. » Un ministre de l'instruction publique, M. Duruy, proclamait à son tour, en 1864, en montrant l'Angleterre préservée des troubles intérieurs par cette connaissance, la nécessité de faire comprendre à tous « les ressorts délicats de la vie économique. » Et plus récemment un autre ancien ministre de l'instruction publique, M. Jules Simon, disait, en félicitant la Société d'enseignement professionnel du Rhône d'avoir introduit dans son enseignement un cours d'économie politique : « Savez-vous ce que c'est que cette science, » à la condition qu'elle soit bien enseignée toutefois ? « C'est la science du bon sens. Elle vous montrera d'abord où est votre intérêt, c'est un premier service ; ensuite elle vous apprendra à ne pas le mettre là où il n'est pas, ce qui est un service peut-être aussi grand. »

Mais ce n'est pas devant l'Association polytechnique qu'il peut être à propos de défendre longuement la cause d'une science quelconque, et je serais le dernier à qui il pourrait appartenir de songer à plaider à fond devant elle pour la science du bon sens et de l'intérêt bien entendu. N'est-ce pas l'Association polytechnique qui la première, en 1864, introduisit dans ses *Entretiens populaires* les questions économiques ; et n'est-ce pas grâce à elle que celui qui écrit ces lignes se fit, pour la première fois, sur une de ces questions, entendre d'un auditoire parisien ? (1) L'Association n'a-t-elle pas depuis, en mainte occasion, fait appel, pour traiter d'autres sujets de même ordre, à la même voix et à d'autres ? N'a-t-elle pas même, en 1866 et en 1867, à l'école Turgot, d'abord, puis à l'École de Médecine, fait donner, par l'élite des économistes, deux séries de leçons qui ont été, par ses soins, recueillies en volumes et publiées, sous le titre d'*Economie industrielle*, à la suite de ses *Entretiens populaires*, par la maison Hachette ? A vrai dire, la science presque entière est là, et là aussi se trouvent groupés,

______

(1) *Les Machines et leur influence sur le progrès social.* — Un volume, chez Hachette.

comme en une galerie unique, presque tous les représentants notable
de la science, il y a dix ans. Mais elle y est sous la forme que compo
taient ces entretiens aux libres allures, avec la diversité des to
propres à chacun, et dans le groupement un peu capricieux des tou
de parole. C'est un recueil intéressant, curieux, éloquent souvent, et
beaucoup d'égards très-supérieur au meilleur résumé et au meille
exposé didactique. Ce n'est pas ce résumé, cet exposé « clair, méth
dique, débarrassé de toute exubérance, » que l'Association polytec
nique veut donner pour chaque branche des connaissances utiles. J'os
au nom de ce qu'elle fait en ce moment et au nom de ce qu'elle a fa
déjà pour la science à laquelle je dois le peu que je possède de not
riété scientifique, lui demander de songer à ne pas laisser cette lacun
dans son œuvre. La tâche est difficile, je le sais mieux que personn
et pour cause ; mais elle n'est pas impossible. Et plus l'erreur, e
pareille matière, est dangereuse, plus il importe que la vérité so
mise à la portée de tous.

Frédéric PASSY,
De l'Institut.

INTRODUCTION

Les cours de l'Association polytechnique constituent une sorte d'enseignement primaire supérieur, légèrement variable selon les milieux où il se donne, toujours maintenu dans de sages limites, et tel qu'on a pu l'appeler *la Sorbonne de l'ouvrier;* enseignement qui a formé des contre-maîtres pour l'industrie, des employés et des comptables pour le commerce, et a préparé d'excellents sous-officiers pour l'armée : l'Etat et la Ville de Paris, qui le savent bien, en reconnaissent toute l'utilité par leurs subventions annuelles.

Des cours de législation usuelle ont leur place si bien marquée dans un pareil enseignement, qu'ils ont été rangés par le Conseil de l'Association parmi les *cours fondamentaux;* mais, en ce qui le concerne, l'auteur de ce livre a toujours pensé que c'était sous une double condition : 1° que ces cours se maintiendraient dans les bornes étroites de l'utilité pratique; 2° que la science, souvent abstraite, du droit se ferait aussi attrayante que possible, avec le secours d'autres sciences, telles que la morale et l'histoire.

Aussi, en publiant les leçons qu'il a professées pei
dant près de dix années à la section de la rue Jeai
Lantier (Ier arrondissement), et dans lesquelles il a cr
devoir faire, en ces derniers temps, une très-large pla
à la question, si intéressante pour tous, du recrutemei
de l'armée, il n'a pas voulu les présenter au publi
sous une forme purement didactique, dont la sécheress
et la solennité auraient pu, au moins en apparence
en altérer le caractère : les dix-neuf chapitres qui con
stituent ce volume sont, pour ainsi dire, ses leçon
sténographiées, car l'œuvre écrite a gardé la form
directe de l'enseignement oral.

La première de ces dix-neuf leçons, consacrée au
notions générales, commence par un exposé du pro
gramme du Cours.

L'idée dominante de ce programme est celle-ci :
prendre pour type un homme appelé à vivre de son travail et le suivre pas à pas dans son existence, en lui
montrant ce que la société fait pour lui, en lui expliquant
les lois qu'il devra appliquer ou qui lui seront appliquées ; c'est là ce qui justifie le titre du cours : *Législation
usuelle*.

C'est ainsi qu'après les actes de l'état civil (naissance
et décès), on trouve trois leçons consacrées à la constitution de la famille et terminées par un tableau d'ensemble qui les résume ; puis vient la loi sur l'apprentissage ; ensuite quatre leçons sur la loi de 1872, qui a
réglé le recrutement de l'armée ; cette loi n'est pas bien
connue encore, et l'auteur a dressé, afin de la rendre
claire pour tout le monde, un tableau synoptique qui
peut-être sera consulté avec fruit.

L'auteur, en ayant fini avec la jeunesse de l'homme pris pour type, procède à son mariage, et le suit dans ses rapports avec les patrons, les propriétaires, les marchands, etc; il y a là des notions élémentaires sur les contrats et principalement sur le contrat de louage (louage des choses et louage d'industrie).

L'ouvrage se termine par quelques pages sur l'organisation judiciaire en France, et principalement sur les justices de paix, les conseils de prud'hommes, les tribunaux de commerce et l'assistance judiciaire.

En résumé, l'auteur espère que son ouvrage pourra être utile, non-seulement à la clientèle ordinaire de l'Association polytechnique, qui y retrouvera les leçons mêmes entendues par elle, mais encore à tous ceux que l'importance de leurs affaires ou les fatigues du labeur quotidien retiennent le soir à leur foyer.

LEÇONS

DE

LÉGISLATION USUELLE

Ire LEÇON

PROGRAMME DU COURS. — NOTIONS GÉNÉRALES.
— CODES DIVERS.

Messieurs, si l'on voulait vous enseigner toutes les lois qui peuvent, à un jour donné, intéresser un citoyen dans le cours de sa vie, ce n'est pas avec une heure de leçon par semaine qu'on pourrait espérer de voir la fin d'un pareil enseignement en une année; c'est à peine si dix ans suffiraient.

Ce serait d'ailleurs outrepasser les bornes de la raison que d'enseigner à des jeunes gens, qui n'en font pas leur métier, toute une collection de lois que les plus savants jurisconsultes ont quelquefois de la peine à faire concorder.

Ce qu'il vous faut, à vous qui ne demandez qu'une connaissance élémentaire des lois les plus applicables, c'est un résumé assez court, puisque nous avons peu de temps à y consacrer, des lois qu'un homme, appelé à jouir de ses

1

droits et devant vivre de son travail, *ne peut pas ne pas connaître.*

Je prendrai donc cet homme pour type. Je supposerai qu'il ne se trouvera pendant toute sa vie que dans des circonstances normales, que rien qui soit extraordinaire ne se passera dans son existence, et je vous expliquerai les lois dont la connaissance lui sera d'autant plus nécessaire qu'il ne pourra pas faire autrement que d'en faire ou d'en subir l'application. Ces lois, qui lui seront appliquées, bon gré, mal gré, ou qu'il appliquera bien ou mal, selon qu'il sera bien ou mal conseillé, ces lois, ne vaut-il pas mieux les connaître que les ignorer? Eh bien, Messieurs, c'est là ce qu'on appelle LA LÉGISLATION USUELLE ; c'est là ce que je vous enseignerai.

Je prendrai cet homme à sa naissance, et je vous montrerai comment la société a assuré son état dans la famille et dans le monde par le premier des actes de l'état civil, l'acte de naissance.

A cause de certaines règles communes aux actes de naissance et aux actes de décés, à l'entrée d'un être humain dans le monde dont je parlais tout à l'heure, et à sa sortie de ce même monde, nous supposerons que notre homme est mort, uniquement pour dresser son acte de décès. Mais, rassurez-vous, nous le ressusciterons promptement, et il vivra encore assez longtemps pour nous offrir un vaste champ d'étude.

Nous étudierons ensuite les rapports de famille, c'est-à-dire les droits et les devoirs des parents envers l'enfant, ainsi que les droits et les devoirs des enfants envers les parents.

Droits et devoirs, voilà deux mots que vous entendrez souvent prononcer dans ce cours de législation usuelle, comme dans la vie du reste, et qui auraient besoin de vous être expliqués ; je compte le faire dès que j'aurai terminé l'exposé de mon programme.

Je reprends. Les parents de l'enfant peuvent disparaître avant qu'il ne soit devenu assez grand pour se diriger seul dans la vie. Je vous montrerai ce que la loi a fait pour remplacer auprès de l'enfant les protecteurs naturels qui lui font défaut, et vous apprendrez en même temps ce qu'on entend par majorité, et l'âge auquel cette majorité est fixée.

Entre la première enfance et l'âge viril marqué par la majorité, se place l'instruction du jeune homme, et par son instruction, j'entends non-seulement l'école où il apprend à lire, à écrire, à compter, mais l'atelier où il apprend l'état qui le fera vivre : ce que je dis du jeune homme est également applicable à la jeune fille. Je placerai donc là une explication aussi complète que possible des lois et règlements qui concernent le contrat d'apprentissage et le travail des enfants dans les manufactures.

Nous supposerons l'apprentissage terminé, et nous aurions alors à nous occuper de l'apprenti devenu ouvrier ou employé de commerce, et de ses rapports avec le patron. Mais auparavant, nous étudierons ensemble un devoir qui incombe aux jeunes gens âgés de 20 ans, celui de défendre leur patrie. Ce devoir est réglementé par une loi, trop récente pour qu'elle soit bien connue, la loi du 27 juillet 1872 ; nous l'examinerons avec quelque détail.

Quand nous aurons vu le jeune homme, dont nous étudions la vie en tant qu'elle est subordonnée à la loi, devenu homme fait, ayant payé, au moins en partie, sa dette à la patrie, et ayant terminé son apprentissage ; en un mot, devenu seul maître de sa destinée et seul chargé de pourvoir à ses besoins, nous le suivrons ensemble dans toutes les circonstances de cette nouvelle vie.

Il sera, en effet, ouvrier ou patron, employé ou chef de maison, locataire ou propriétaire, vendeur ou acheteur; en résumé, nous le verrons prenant part, ne fût-ce que pour se procurer le pain qu'il mange, à ce qu'on appelle des *contrats*. Nous verrons quel sens il faut attacher à ce mot, et quelles règles communes sont applicables à tous les contrats.

Après quoi, il nous sera plus facile de comprendre les règles particulières, soit au contrat de louage, louage des choses, comme du logement qu'on occupe; louage d'industrie, comme du temps qu'on donne à un patron ; soit au contrat de vente et d'échange, au prêt, etc.

Ici se placera une explication sommaire de ce qu'on entend par le mot *biens*, et des différentes manières d'acquérir les biens.

Mais nous n'oublierons pas que nous aurons laissé en arrière un des trois principaux actes de l'état civil, l'acte de mariage.

A propos du mariage, nous aurons deux choses bien distinctes à examiner : d'abord les conditions du mariage même, ensuite l'acte destiné à certifier le fait du mariage.

Devenu chef de famille, l'homme dont nous suivrons l'existence, nous apparaîtra avec de nouveaux droits et de nouveaux devoirs; nous étudierons donc ses droits et ses devoirs, tant en qualité d'époux qu'en qualité de père de famille.

Nous terminerons le cours par un exposé succinct de l'organisation judiciaire en France. Car, vous le comprenez-bien, Messieurs, la loi n'eût rien fait, si elle se fût bornée à prescrire certaines règles, sans en assurer l'exécution, sans établir des moyens de réprimer l'injustice et de vider les querelles survenues entre les contractants.

Je vous parlerai donc des tribunaux civils, depuis la

justice de paix de chaque canton jusqu'à la cour suprême et unique qu'on appelle la Cour de cassation ; puis des tribunaux administratifs, et enfin de deux sortes de juridictions qui pourront vous intéresser plus que toute autre dans votre carrière, les conseils de prud'hommes et les tribunaux spéciaux au commerce.

En dernier lieu, je vous expliquerai ce qu'on entend par l'assistance judiciaire.

Ce programme est vaste, mais il n'a rien qui doive vous effrayer, et voici pourquoi : d'abord, je ne vous dirai jamais que telle ou telle règle du droit est comprise de différentes manières par les jurisconsultes ; je n'ai pas de controverses à faire ici, je ferai donc mon choix entre les différentes interprétations, et il me suffira que celle que j'aurai adoptée soit soutenue par l'un des auteurs en renom, pour que je vous la donne comme étant l'expression de la vérité absolue.

Ensuite, je m'arrêterai devant certaines questions de détail ; je n'ai pas la prétention de vous fournir d'avance une consultation d'avocat ; si donc, lorsque je traiterai la matière des contrats, vous attendez de moi, par exemple, une étude sur le contrat de mariage, vous serez trompés dans votre attente ; quand vos intérêts seront en jeu, vous consulterez un avocat ou un notaire, et vous n'essaierez pas de vous guider d'après ce que vous aurez retenu de ce cours, qui n'est et ne peut être qu'un cours de *législation usuelle*.

Messieurs, je vous ai promis une explication au sujet de ces deux mots : **Droits et devoirs,** que j'ai eu l'occasion d'employer déjà et que j'emploierai souvent encore. Ce ne sont pas d'ailleurs les seuls termes dont il est, avant toutes choses, nécessaire que vous ayez une idée exacte.

1.

Je vous demande ici beaucoup d'attention, parce que ce que j'ai à vous dire est un peu abstrait. Je m'efforcerai d'être très-clair.

D'abord, qu'est-ce que la *loi?*

C'est la règle établie par une autorité supérieure et à laquelle on est tenu d'obéir.

La loi est naturelle ou positive :

Naturelle, quand elle dérive nécessairement de la nature même de l'homme;

Positive, quand elle émane simplement du législateur.

Le mot *loi* vient d'un mot latin qui veut dire *lier :* c'est qu'en effet la loi *lie, oblige* les citoyens d'un même pays.

La *sanction* d'une loi, c'est la récompense accordée à celui qui l'observe, et la peine infligée à celui qui la viole.

On fait encore une autre distinction; on dit que les lois sont impératives, prohibitives ou facultatives :

Impératives, quand elles commandent une action; telles sont les lois relatives au paiement des impôts et au service militaire;

Prohibitives, quand elles défendent de faire tel ou tel acte, comme les lois qui défendent à un homme d'avoir deux femmes à la fois, ou à une femme d'avoir deux maris à la fois, ou celles qui défendent à un père de retirer tout son bien à ses enfants pour le donner à des étrangers ou même à quelques-uns de ses enfants seulement;

Facultatives enfin, quand, sans ordonner ni défendre, les lois se bornent à donner un droit dont on peut, à son gré, user ou ne pas user; de ce nombre est la loi sur le mariage.

Maintenant, Messieurs, qu'est-ce que le *droit?*

Ce mot a plusieurs sens : tantôt, c'est l'ensemble des lois

promulguées; c'est ainsi qu'on dit d'un jeune homme qu'il *fait son droit,* quand il étudie les lois pour devenir juge, avocat ou officier ministériel; tantôt, c'est le principe dirigeant des actions humaines au point de vue du *juste* et de l'*injuste;* ceci demande une explication.

La justice consiste à attribuer à chacun ce qui lui est dû.

On est *juste,* on est *dans son droit,* quand on respecte la liberté d'autrui, tout en usant de sa propre liberté.

C'est ainsi qu'on a pu dire que la liberté cesse, où commence la violation de la liberté des autres.

Quand on reste dans son droit, on est juste; quand on empiète sur le droit d'autrui, on est injuste.

Il s'ensuit que tout homme qui use d'un *droit* se trouve en même temps chargé d'un *devoir:* et ce devoir, c'est de ne pas empiéter sur le droit d'autrui.

De même, quand on est, par une loi naturelle ou par une loi positive, chargé d'un *devoir*, on a par cela même un *droit,* celui de ne pas être gêné dans l'accomplissement de ce devoir.

Ainsi, les devoirs et les droits sont inséparables; les uns ne vont pas sans les autres. Prenons un exemple, tiré de notre propre situation.

J'ai accepté le *devoir* de vous enseigner la législation usuelle, j'ai par cela même le *droit* d'être écouté avec attention. Vous avez le *droit* d'entrer dans cette salle dont la porte est ouverte à tous ceux qui ont au moins seize ans : dès que vous y êtes entrés, vous avez le *devoir* d'être silencieux et attentifs.

Eh bien, Messieurs, dans la vie il en est toujours ainsi : théoriquement, j'aurai plus d'une fois l'occasion de vous le montrer dans ce cours; et pratiquement, vous l'éprouverez plus d'une fois aussi par vous-même, et vous le comprendrez encore mieux.

Je vous ai dit ce qu'on entend par les lois positives, vous savez que ce sont celles qui ne prennent pas seulement naissance dans la nature humaine, mais qui sont édictées et promulguées par les législateurs.

Il y a eu dans l'histoire du monde beaucoup de législations diverses, toutes appropriées aux temps et aux peuples pour lesquels elles étaient faites.

Il y a eu la législation des Hébreux, due principalement à Moïse. Il y a eu les différentes législations grecques, dues à Solon et à Lycurgue, à Dracon aussi, d'où l'on a tiré le mot *draconien*, pour dire *très-dur*, *très-sévère*, parce que les lois de Dracon avaient ce caractère.

Il y a eu la législation romaine, la plus complète et la meilleure de toutes. C'est elle qui a été l'origine de la plupart de nos lois, et on retrouve sa trace dans nos codes à chaque pas. On l'appliquait encore en France dans la plupart de nos provinces en 1789, et dans les autres, elle était à peine mitigée par le droit coutumier, c'est-à-dire par un ensemble de coutumes locales.

C'est à la Révolution de 1789 qu'est due l'uniformité qui a présidé depuis près de cent ans aux destinées de la France, aussi bien dans les monnaies, l'administration, etc., que dans la législation.

Cette législation française se compose de plusieurs groupes, se rapportant chacun à un ordre d'idées différent, et ces groupes portent le nom de **Codes**.

Nous avons le code civil, le code de procédure civile, le code de commerce, le code pénal, le code d'instruction criminelle.

Ce sont les principaux groupes. Il est utile de savoir comment, quand et par qui ils ont été faits et promulgués.

Le *code civil*, c'est-à-dire l'ensemble des lois qui régissent la situation civile des individus, a été commencé en pleine révolution, sous la fameuse Convention. Mais la guerre que celle-ci était obligée de soutenir contre toute l'Europe envahissant la France, et contre une partie des départements révoltés, ne lui permit pas de mener à bien l'unification de nos lois civiles. C'était à Napoléon Bonaparte, quand il n'était encore que Premier Consul de la République française, que devait revenir l'honneur d'avoir fait achever et d'avoir promulgué le code civil. Ce code date de l'an VIII, qui correspond à 1804. Ses principaux auteurs étaient les jurisconsultes *Tronchet*, *Bigot-Préameneu*, *Portalis* et *Malleville*. Il faut se souvenir de ces noms, qui se retrouvent, sauf un, dans la nomenclature des rues de Paris.

Le *code de procédure civile*, c'est-à-dire l'ensemble des lois qui règlent la marche à suivre dans les procès entre deux ou plusieurs individus, a été promulgué en 1807, sous le premier empire.

Le *code de commerce*, c'est-à-dire l'ensemble des lois spéciales au commerce, date de 1810, également sous le premier empire.

Les *codes pénal* et *d'instruction criminelle*, c'est-à-dire l'ensemble des lois qui prescrivent les peines à appliquer aux individus reconnus coupables d'un crime ou d'un délit, et qui indiquent la marche à suivre dans les procès criminels ou correctionnels, ces codes ont été faits aussi en 1810, mais ils ont été remaniés en 1832.

Il est à remarquer que, si les principaux codes ont été votés et promulgués sous le Consulat et l'Empire, ils n'étaient que le produit des travaux ordonnés par les autorités de la Révolution, et commencés par les mêmes jurisconsultes quand le pouvoir était encore républicain. Ce n'est que par une flatterie, assez compréhensible d'ailleurs, qu'on a pu donner en 1807 le nom de *code Napoléon* au code civil. En effet, le Premier Consul avait pris une large part aux discussions du Conseil d'état, lors des derniers travaux préparatoires du code civil, et il faut ajouter que cette flatterie fut faite au lendemain de l'étonnante campagne de Prusse, au lendemain d'Iéna, d'Awerstaedt, etc. — dont nous sommes loin aujourd'hui ! Quoi qu'il en soit, c'est du mot légal *code civil* que je me servirai dans ce cours.

Je compléterai, Messieurs, les notions générales qui font l'objet de cette première leçon, par l'examen rapide de ce qu'on appelle le *titre préliminaire du code civil*.

Ce titre ne se compose que de 6 articles, qui dominent toutes les lois françaises, aussi bien les lois pénales, administratives ou autres que les lois civiles. Si l'on a placé ces six articles en tête du code civil, c'est parce que ce code est le principal de nos codes.

L'article 1er décide que les lois sont exécutoires dans tout le territoire français, en vertu de la promulgation qui en est faite par le chef du gouvernement, et qu'elles seront exécutées dans chaque partie du territoire, du moment que la promulgation en pourra être connue.

La nécessité d'assurer l'action de la loi exige qu'elle ait une date certaine et authentique ; de là la nécessité de certains délais pour les localités distantes de la capitale ; de là aussi la nécessité de repousser l'excuse de ceux qui invoqueraient leur ignorance de la loi, par ce principe absolu, mais indispensable : *nul n'est censé ignorer la loi*.

L'article 2 contient une règle très-importante : c'est que la loi ne dispose que pour l'avenir, et qu'elle n'a point d'effet rétroactif.

Ainsi, la loi ne s'adresse jamais au passé ; en règle générale, bien entendu, car une loi spéciale pourrait, dans un intérêt majeur, réglementer même dans le passé, mais alors elle serait obligée de le dire expressément, et en tous cas de respecter les droits acquis.

L'article 3 montre le rapport des diverses sortes de lois avec les diverses sortes d'individus qui peuvent y être soumis.

Cet article distingue trois sortes de lois : les lois de police et de sûreté, les lois sur l'état et la capacité des personnes, et les lois sur les immeubles sis en France.

Les *lois de police et de sûreté* obligent tous les habitants du territoire français, qu'ils soient Français ou étrangers, et vous en comprenez la raison : un État bien ordonné ne peut permettre qu'on attente à sa sûreté, à celle d'un individu quelconque, à la propriété, etc., sous le prétexte que l'on n'est pas citoyen de cet État.

Les *lois sur l'état et la capacité des personnes* ne s'adressent qu'aux Français, mais elles les suivent même en pays étranger ; elles ne s'adressent donc pas aux étrangers, même nés ou habitant en France.

Enfin, les *lois sur les immeubles* ne distinguent pas s'ils sont la propriété d'un Français ou d'un étranger; ne constituent-ils pas une fraction du territoire français ?

On pourrait donc classer les lois sur les immeubles parmi les lois de police et de sûreté, car c'est pour sa propre sûreté qu'un État ne permet pas de laisser régir par une loi étrangère une fraction, si minime qu'elle soit, de son territoire.

L'article 4 ne permet pas aux juges, institués par les pouvoirs publics pour rendre la justice, de refuser leur ministère, sous le prétexte du silence, de l'obscurité ou de l'insuffisance de la loi, et il décide que le juge qui agirait ainsi, serait poursuivi et puni comme coupable de déni de justice.

L'article 5 vise le danger contraire : il défend aux juges

de prononcer, par voie de disposition générale et réglementaire, sur les causes qui leur sont soumises. Il défend aux juges de dire, à propos d'un procès porté devant eux : en pareille matière, en pareil cas, nous jugerons de telle ou telle façon ; en un mot, il leur défend de faire la loi, maintenant ainsi le principe tutélaire de la séparation des pouvoirs législatif et judiciaire.

L'article 6 et dernier de ce titre préliminaire a une portée très-grave, et nous aurons souvent l'occasion de le retrouver sur notre chemin : il défend à toute personne de déroger, par des conventions particulières, aux lois qui intéressent l'ordre public et les bonnes mœurs ; en effet, nous verrons qu'en pareil cas, la loi annule toujours la convention ainsi entachée, sans préjudice des peines qui peuvent être infligées à ses auteurs.

Ici se terminent, Messieurs, les notions générales qui forment ce qu'on pourrait appeler la préface du cours de législation usuelle. La 2ᵉ leçon sera consacrée aux actes de l'état civil.

IIe LEÇON

ACTES DE L'ÉTAT CIVIL. — RÈGLES COMMUNES.

Messieurs, avant d'aborder la question de l'état **civil**, qui doit faire l'objet de cette leçon, il est nécessaire que je vous dise un mot de la *jouissance des droits civils*. Ce sont deux questions qui se touchent de très-près, puisque la jouissance des droits civils est attachée à certaines conditions d'âge, de sexe ou de nationalité, qui ne sont prouvées que par l'état civil.

Il ne faudrait pas confondre les droits civils avec les droits politiques ou les droits publics.

Les *droits civils* sont les facultés que les personnes sont appelées à exercer dans leurs rapports privés avec les autres personnes ; tels sont, par exemple, le droit de propriété, le droit de puissance paternelle, le droit de vendre ou d'acheter, etc.

Les *droits politiques* sont ceux qui dérivent des rapports entre gouvernants et gouvernés ; ils consistent dans la faculté de participer à l'exercice de la puissance publique, et se résument tous dans l'aptitude légale d'élire ou d'être élu aux fonctions de l'ordre législatif, judiciaire ou exécutif.

2

Enfin, les *droits publics* sont ceux qui ne sont ni purement civils ni purement politiques ; tels sont le droit de s'associer, le droit de manifester sa pensée par la voie du livre et du journal, la liberté individuelle et la liberté de conscience.

Cette distinction va nous permettre, Messieurs, d'examiner quelles sont les personnes qui jouissent des droits publics, des droits politiques et des droits civils.

Les droits publics appartiennent à tous, et il n'y a pas à cet égard à rechercher si l'on est Français ou étranger, majeur ou mineur, d'un sexe ou d'un autre.

Les droits politiques sont d'une nature bien différente. Ils ne sont donnés qu'à des Français, et encore faut-il que ces Français soient du sexe masculin et âgés de 21 ans au moins : on appelle alors ces Français d'un nom particulier, du nom de *citoyens* (habitants de la cité). On a dit que tout citoyen est Français, mais nous venons de voir que la réciproque n'est pas vraie, puisque tout Français ne jouit pas des droits politiques, en un mot n'est pas citoyen.

Quant aux droits civils, leur jouissance est attachée, non pas à la qualité de citoyen, mais à celle de Français. Peu importe l'âge ou le sexe, du moment qu'on est Français, on a la jouissance des droits civils. Mais ces droits, on ne les exerce par soi-même qu'autant que la loi le permet, et il est bon de savoir qu'elle ne le permet pas, en général, aux mineurs, aux interdits, aux femmes mariées. Pour ces trois sortes de personnes, c'est par un autre qu'elles mêmes, qu'elles peuvent exercer les droits civils, dont elles ont *la jouissance*, sans en avoir *l'exercice*, et cet autre, c'est leur tuteur, leur curateur ou leur mari.

Nous venons de voir que la jouissance des droits civils est donnée aux Français seulement. Comment reconnaîtra-t-on à une personne cette qualité d'être Française ? par son

origine, Messieurs, et non pas par le lieu de sa naissance.
Il a fallu une situation aussi douloureuse que celle dans
laquelle s'est trouvée notre patrie après la dernière guerre,
pour que notre droit subît une dérogation à son principe,
telle que celle qui obligeait à la formalité de l'option les
enfants d'un Parisien ou d'un Normand, nés, par l'effet du
hasard, en Alsace-Lorraine, et qui n'imposait pas la même
obligation aux enfants d'un Alsacien-Lorrain, nés dans une
commune quelconque de la France actuelle !

Le principe, c'est qu'on naît Français, uniquement parce
qu'on a pour père un Français ; peu importe que le lieu de la
naissance soit en France ou à l'étranger.

Et pour perdre cette qualité, il faut commettre une faute
grave contre la patrie, en prenant du service militaire chez
des étrangers, sans l'autorisation du gouvernement français,
ou bien se faire naturaliser dans un pays étranger. Une
femme perd cette qualité en épousant un étranger; à l'inverse, une étrangère l'acquiert en devenant la femme d'un
Français. Car, de même qu'on la perd, on peut aussi
l'acquérir; la loi en donne les moyens aux étrangers. Je vais
faire successivement plusieurs suppositions.

Je suppose que votre père est étranger, mais qu'il est né
en France et que vous-même y êtes né : vous êtes Français,
mais vous pouvez cesser de l'être en déclarant, lors de votre
21ᵉ année, que vous voulez être étranger. Cette règle donne
donc une faculté spéciale à ceux qui, quoique étrangers,
doivent aimer un pays que leur famille habite depuis trois
générations, et qui, quoique attachés à la France par tant
de liens, peuvent cependant lui préférer leur patrie d'origine.

Je suppose maintenant que votre père, qui est étranger,
n'est pas né en France, mais que vous-même y êtes né : vous
êtes étranger, mais vous pouvez devenir Français très-faci-

lement; il vous suffira de déclarer à 21 ans que vous voulez l'être.

Je suppose enfin que non-seulement vous êtes fils d'un étranger qui n'est pas né en France, mais que vous-même êtes né à l'étranger : vous êtes étranger, et pour devenir Français, il vous faudra un décret spécial de naturalisation, décret qui ne s'obtient qu'après un long séjour en France, ou après des services marquants rendus à la France.

Résumons ce que nous venons de voir ensemble :

1re *hypothèse*. — La loi vous déclare Français, en vous laissant la faculté de ne l'être pas ;

2e *hypothèse*. — La loi vous déclare étranger, en vous offrant la faculté de devenir Français ;

3e *hypothèse*. — La loi vous déclare étranger, et vous restez étranger, à moins que vous ne demandiez et que vous n'obteniez de ne l'être plus.

Voilà, Messieurs, en quelques mots, les principales notions à retenir sur les droits attachés à la condition de Français. Vous voyez que les questions de fait y jouent un grand rôle, fait de la naissance en France ou à l'étranger d'un père Français ou étranger, date de cette naissance, sexe auquel on appartient, condition de fille ou de femme mariée, etc.

Eh bien, Messieurs, toutes ces questions de fait sont réglées par l'état civil.

C'est l'état civil qui numérote, pour ainsi dire, tout individu dans ce monde, qui fixe ses droits civils et ses droits politiques, qui renseigne toute personne sur le degré de confiance qu'elle peut avoir dans les capacités de quiconque veut contracter avec elle.

Nous allons donc donner toute notre attention à la législation qui régit les *actes de l'état civil*.

Le mot *acte* a deux sens en droit. Il signifie tantôt le fait même, tantôt l'écrit destiné à constater ce fait. Ainsi, un *acte de vente* s'entend quelquefois de la vente même, et quelquefois de l'écrit qui la constate.

Par exception, quand on parle des *actes de l'état civil*, on n'entend jamais parler d'autre chose que des écrits destinés à constater les évènements qui constituent l'état civil d'une personne, c'est-à-dire sa situation dans la société, en tant qu'elle est mineure ou majeure, mariée ou non mariée, etc.

Les événements auxquels je fais allusion sont : la naissance, l'émancipation, le mariage, l'adoption, l'interdiction, la reconnaissance et le décès. Mais il faut reconnaître que les trois principaux sont : la naissance, le mariage et le décès.

L'institution des actes de l'état civil remonte au règne de François Ier (1515-1547).

Au moyen âge, le clergé constatait dans des registres les baptêmes, les mariages et les sépultures auxquels il présidait. Ces actes étaient irrégulièrement tenus, et ils n'avaient d'autre but que d'assurer l'exécution des lois religieuses. Ils n'avaient donc aucun caractère authentique, et ne pouvaient faire foi en justice; on recourait dans les procès sur l'état des personnes à un mode de preuve très-insuffisant, à la preuve par témoins.

C'est François Ier qui, dans sa fameuse ordonnance de Villers-Cotterets (en 1539), prescrivit qu'à l'avenir ces actes, recueillis par le clergé, feraient pleine foi en justice, mais pour deux cas seulement : 1° pour la naissance de tous les Français; 2° pour le décès, non pas de tous, mais seulement des ecclésiastiques pourvus de *bénéfices*, c'est-à-dire d'abbayes, de cures, d'évêchés, etc.

D'où venait cette curieuse différence? L'histoire va nous l'expliquer.

2.

En vertu du traité ou *concordat*, conclu entre le pape et le roi de France, le roi avait le droit de présenter les candidats aux bénéfices vacants, et, sauf le cas d'indignité personnelle, le pape devait nommer les candidats présentés par le roi. Mais ce droit de présentation était soumis à une condition de temps; après un certain délai passé, si le roi n'avait pas usé de son droit, en présentant un candidat, le pape pouvait nommer qui il lui plaisait; en fait, il nommait toujours, lorsque ce cas se produisait, le candidat de l'abbaye même ou du diocèse. De là un grand intérêt à ce que le roi n'usât pas du droit de présentation, et qu'au contraire le pape usât de ce droit spécial, qu'on appelait *droit de prévention*; que faisait-on? on tenait secrète la mort du titulaire, jusqu'à ce que le délai légal fût écoulé. C'est pour rendre cet abus impossible que l'ordonnance de 1539 déclara que les actes dressés par le clergé feraient foi en justice pour le décès des bénéficiaires.

Les registres qui contenaient ces actes devaient, en vertu de la même ordonnance, être déposés, à la fin de chaque année, au greffe du baillage.

Ce fut Henri III qui, par son ordonnance de Blois (1579), combla les lacunes de l'ordonnance de Villers-Cotterets. Il décida que ces sortes de registres tiendraient note des naissances, des mariages et des décès de toutes personnes.

L'institution de l'Etat civil était désormais fondée en France.

C'était encore très-imparfait cependant. Aussi voit-on de temps en temps quelque progrès s'accomplir par une ordonnance nouvelle.

En 1667, Louis XIV ordonne que ces actes contiendront, pour les décès, le temps du décès, et pour les naissances, le temps de la naissance; et il prescrit de tenir ces registres en **double, c'est-à-dire** de tirer une copie de l'original.

En 1736, Louis XV exige deux originaux, dont l'un doit rester à la paroisse, et l'autre doit être remis au greffe du baillage.

Malheureusement, Messieurs, ces ordonnances ne concernaient que les catholiques. Il est vrai que Henri IV, par son édit de Nantes, avait confié aux consistoires les registres de l'état civil des protestants. Mais Louis XIV, vieilli, ne sut pas résister aux suggestions de son entourage, et il révoqua l'édit de Nantes, cet édit qui avait si bien pacifié les esprits après les sanglantes guerres de religion du seizième siècle. Il enleva aux protestants, non-seulement leurs ministres, leurs pasteurs, mais encore leur état civil et les moyens même de le faire constater. Cette malheureuse révocation de l'édit de Nantes eut encore de plus déplorables effets, dont nous venons peut-être de ressentir les contre-coups. Les persécutions contre les protestants qu'on voulait convertir de force et par les moyens les plus violents, eurent pour effet de faire émigrer en Allemagne, en Prusse surtout (la Prusse était et est encore protestante), un très-grand nombre de Français, qui lui apportèrent leurs talents, leurs manufactures, leur intelligence, et, ce qu'il y a de pire, une grande haine contre la patrie qui les chassait. Hélas ! Ce n'était pas à la patrie qu'il fallait en vouloir ; c'était à ceux qui la gouvernaient alors, et qui n'étaient pas éternels comme elle ! Quoi qu'il en soit, Messieurs, cette immigration a été assez forte pour modifier le caractère des peuplades qui habitaient les bords de la Baltique, et pour, de ce mélange de deux races, faire une nation qui est très-vivace, très-intelligente, et dans laquelle nous avons pu voir que quelques uns de nos pires ennemis sont les descendants directs des Français protestants, chassés au dix-septième siècle.

Louis XVI, conseillé par Turgot, rendit en 1787 aux

protestants un état civil. Mais c'est à la Révolution de 1789 qu'il appartenait de faire triompher les principes de la justice et de l'égalité devant la loi, qui avaient déjà eu, d'ailleurs, d'énergiques défenseurs dans les écrivains et les penseurs des trois derniers siècles.

La Révolution établit définitivement deux principes nouveaux : la liberté des cultes et la séparation des lois civile et religieuse.

On ne distingua plus dès lors si l'enfant qui naissait était catholique, protestant ou israélite; de même pour les mariages et les décès. L'état civil fut considéré à juste titre comme les archives de la famille civile, purement civile, et la tenue des registres fut enlevée aux clergés de tous les cultes, pour être remis à des officiers laïques, qui sont le maire de la commune et ses adjoints.

Nous avons vu, Messieurs, qu'il y a trois actes principaux de l'état civil, qui sont les *actes de naissance*, les *actes de mariage* et les *actes de décès*.

Leur rédaction est soumise à des règles communes à tous et à certaines règles particulières.

Je vais d'abord vous faire connaître les règles communes à tous les actes de l'état civil.

Trois personnes concourent à la rédaction d'un acte de l'état civil.

Une observation préliminaire est ici nécessaire : quand je dis *trois personnes*, je n'entends pas dire trois êtres vivants (il y en a souvent un plus grand nombre). J'entends dire trois personnes juridiques, c'est-à-dire que trois rôles différents sont remplis par ceux qui prennent part à un acte de l'état civil. Quelques mots sur l'origine du mot *personne* vont vous rendre plus claire une distinction que vous ne saisissez peut-être pas bien en ce moment.

Chez les anciens, les théâtres n'étaient pas ce que sont nos salles de spectacle d'aujourd'hui. C'étaient d'immenses constructions, souvent sans toiture, qui pouvaient recevoir toute la population d'une grande ville : les ruines si connues du Colisée à Rome, et celles des Arènes de Nîmes, peuvent donner une idée des théâtres dont je parle.

Vous pensez bien que les acteurs ne pouvaient être entendus par le plus grand nombre des spectateurs ; même leurs jeux de physionomie n'étaient pas visibles pour tous. On remédia à cet inconvénient capital, en posant sur la figure de l'acteur un masque aux traits grossis, en rapport avec le personnage mis en scène; voilà pour la vue. Quant au son, on y pourvut en adaptant une sorte de porte-voix à la bouche de ce masque, et en parlant de ce masque, les Romains disaient dans leur langue que *vox personabat*, que *la voix sonnait à travers*. De ce verbe *(personare)* l'on tira bientôt un substantif *(persona)* pour désigner le masque porté par l'acteur, et bientôt le rôle, le *personnage* rempli par lui. Cette façon de parler s'est généralisée, et la langue du droit s'est enrichie à son tour du mot *personne*, qui signifie le rôle joué par un individu dans ses rapports avec un autre. Ainsi, le même individu peut, en droit, représenter des personnes diverses : il peut être, en effet, fils, frère, mari et père, etc.

Lors donc que je dis : trois personnes concourent à la rédaction d'un acte de l'état civil, cela veut dire que ceux qui concourent à cette rédaction, remplissent trois rôles divers, forment trois groupes distincts.

Ces trois personnes sont : 1° l'officier public; 2° les témoins; 3° les déclarants. Quelquefois un quatrième groupe est nécessaire; on l'appelle les parties; nous verrons dans quels cas les parties sont obligées d'être présentes, lorsque nous étudierons les règles particulières aux divers actes.

Qu'est-ce que l'*officier public?*

C'est celui qui rédige l'acte en présence des témoins, et sur les déclarations qui lui sont faites par les déclarants.

Cet officier public est, vous ai-je dit, le maire de la commune ou son adjoint (à Paris, c'est le maire de l'arrondissement ou l'un de ses adjoints). Comme administrateur de la commune, le maire est sous la surveillance de l'autorité administrative, préfet ou sous-préfet. Comme officier de l'état civil, il est sous la surveillance de l'autorité judiciaire, procureur général, procureur de la République, etc.

Quel est, maintenant, le rôle des *témoins?* C'est un rôle double :

1° Ils certifient l'identité des déclarants et la sincérité de leurs déclarations ;

2° Ils fortifient le témoignage de l'officier public, qui ne pourrait, en effet, ni commettre ni laisser commettre une fraude devant plusieurs surveillants.

Le nombre des témoins varie selon la nature des actes : en général, deux suffisent ; par exception, il en faut quatre dans les actes de mariage.

Les témoins sont choisis par les parties intéressées. Un témoin pour un acte de l'état civil n'a pas besoin d'être Français, ni de savoir signer, ni d'être domicilié dans la commune où se fait l'acte : toutes conditions obligatoires chez les témoins des actes passés devant les notaires.

Il suffit pour les actes de l'état civil que les témoins soient du séxe masculin et âgés de 21 ans au moins.

Ils peuvent même être parents, soit de l'officier public qui reçoit l'acte, soit des déclarants. C'est qu'en effet, il n'y a aucun danger à craindre, dans ce cas, de la parenté, puisque souvent les parents se trouvent lésés par le fait même qu'ils viennent certifier ; exemple : un frère ou un neveu qui vient certifier la naissance d'un enfant, déclarée par son frère ou son oncle, dont il n'est plus dès lors l'héritier.

Les *déclarants* sont les personnes qui, étant instruites des faits à relater dans l'acte, les déclarent à l'officier public, lequel rédige l'acte d'après ces déclarations.

Ils diffèrent des témoins, en ce qu'il n'est pas même nécessaire qu'ils soient âgés de 21 ans et du sexe masculin. Il suffit qu'ils aient assez de discernement pour faire une déclaration sérieuse.

Il y a, vous ai-je dit, une quatrième classe de personnes qui paraissent aussi dans les actes de l'état civil. Ce sont les *parties*, c'est-à-dire celles que le fait intéresse : les deux époux dans l'acte de mariage, le père de l'enfant dans l'acte de naissance, et les plus proches parents du mort, dans l'acte de décès ; excepté pour le mariage, la présence des parties n'est pas indispensable.

Nous venons de voir, Messieurs, quelles sont les personnes qui concourent à la rédaction d'un acte de l'état civil. Il faut voir maintenant ce qu'on mettra dans cet acte, quel qu'il soit, je le répète, acte de naissance, de mariage ou de décès.

Il y a des choses que les actes doivent énoncer et d'autres qu'ils ne doivent jamais énoncer.

Ils doivent énoncer :

1° L'année, le jour et l'heure où ils sont reçus ; ces indications sont nécessaires, d'abord, pour vérifier si l'acte a été rédigé dans le délai légal ; ensuite, pour permettre aux

personnes dont on aurait, dans un but frauduleux, usurpé
le nom, de prouver un alibi, c'est-à-dire de prouver qu'au
jour et à l'heure indiqués elles se trouvaient dans un autre
endroit ;

2° Les prénoms, noms, âge, profession et domicile de tous
ceux qui y sont désignés ; toutes indications nécessaires
pour bien caractériser leur identité.

Ce que les actes ne doivent pas énoncer, même quand les
déclarants les disent à l'officier public, ce sont les faits que
la loi défend de relater dans un acte public, comme les noms
des père et mère d'un enfant né de l'adultère ou de l'inceste,
comme le nom du père d'un enfant naturel, qui n'a pas
donné dans une procuration spéciale et authentique l'autorisation de le nommer.

Ce que les actes ne doivent pas énoncer davantage, c'est
ce que les déclarants ont omis de dire et que cependant ils
eussent dû dire, comme le nom du père ou de la mère d'un
enfant légitime. Il n'est pas permis à l'officier public de
suppléer au silence des déclarants.

Je continue à examiner les règles communes aux actes de
l'état civil.

L'officier de l'état civil rédige l'acte devant les parties ou
les déclarants, et après qu'il l'a rédigé, il doit en donner
lecture à ces personnes ainsi qu'aux témoins. L'accomplissement de cette formalité est de rigueur, et, pour qu'on ne
l'oublie jamais, la loi prescrit de mentionner dans l'acte
qu'elle a été accomplie.

Après la lecture faite et la mention qu'elle a été faite, l'acte
doit être signé par les déclarants, les témoins, les parties
quand il en existe, et enfin par l'officier public. Si les unes
ou les autres ne savent ou ne peuvent signer, mention est faite
dans l'acte même de la cause qui les a empêchés de signer.

Passons maintenant aux *registres de l'état civil*.

Ils sont doubles, en ce sens que chacun d'eux est un registre original, et que l'un n'est pas la copie de l'autre. La loi défend l'emploi des feuilles volantes. Les registres doivent être cotés et paraphés de la première à la dernière feuille par un membre du corps judiciaire; ils sont revêtus du timbre de l'État.

Ces registres sont spécialement affectés à une année. On les clôt par un procès-verbal le 31 décembre : l'un des doubles est alors déposé aux archives de la commune et l'autre au greffe du tribunal de l'arrondissement.

L'on en reprend de nouveaux dès le 1er janvier de l'année suivante.

Les actes postérieurs à un acte de l'état civil et qui s'y rattachent, doivent être mentionnés : 1° sur le registre courant; 2° en marge de l'acte inscrit qu'ils expliquent ou modifient.

Toutes ces règles, Messieurs, sont protégées par une sanction, et cette sanction consiste dans des pénalités très-graves, prononcées contre les officiers publics tenus de rédiger les actes et de les conserver : dans certains cas des amendes, dans d'autres la prison, dans d'autres enfin, par exemple dans le cas de faux, les travaux forcés, même à perpétuité.

Les actes de l'état civil sont publics; tout le monde peut s'en faire délivrer des copies certifiées par les conservateurs des registres : maire de la commune, ou greffier du tribunal.

Ils font pleine foi en justice, jusqu'à inscription de faux : on appelle ainsi une procédure particulière, très-difficultueuse, très-dangereuse même pour qui l'entreprend légèrement.

Il arrive quelquefois, et nous l'avons vu deux fois en France à la suite de deux invasions : à Soissons en 1814 et à Paris en 1871, que les deux doubles sont détruits. La loi avait prévu le cas et permis de suppléer les actes détruits. Néanmoins, à Paris, le désastre a été si grand qu'une loi spéciale a été nécessaire. C'est la loi du 12 février 1872, en vertu de laquelle une commission nommée à cet effet siége depuis lors au palais de la Bourse, pour reconstituer les actes de l'état civil de la plupart des Parisiens.

Les Français qui sont en pays étranger, ont deux manières de faire constater l'état civil d'eux-mêmes ou des personnes de leur famille :

1° Ils peuvent s'adresser aux autorités étrangères et faire dresser l'acte dans la forme voulue par la loi étrangère ; dans ce cas, l'acte est valable en France, pourvu que la *capacité personnelle* d'agir suivant la loi française ait existé à ce moment pour l'intéressé ;

2° Ils peuvent s'adresser à l'ambassadeur ou au consul français, et alors l'acte est fait suivant la loi française ; il ne reste plus qu'à le faire transcrire sur les registres de la commune française où l'intéressé avait son dernier domicile, et, le plus souvent, ceci est fait d'office par les autorités publiques.

Telles sont, Messieurs, les règles communes à tous les actes de l'état civil ; la leçon suivante sera remplie par les règles spéciales à la naissance et au décès.

IIIe LEÇON

ACTES DE NAISSANCE ET DE DÉCÈS. —
RÈGLES SPÉCIALES.

Messieurs, je vous ai expliqué les règles communes à tous les actes de l'état civil. Nous allons aujourd'hui nous occuper des règles particulières qui régissent les diverses sortes d'actes, et nous commencerons par les **actes de naissance**.

L'officier de l'état civil ne peut, dans aucun cas, dresser d'office les actes de naissance; il n'a que le devoir de les rédiger quand on lui fait les déclarations nécessaires. C'est donc à d'autres qu'à lui qu'incombe l'obligation de déclarer la naissance d'un enfant. Nous verrons tout à l'heure qui a cette obligation.

D'abord, dans quel délai la déclaration obligatoire doit-elle être faite ? Dans les trois jours qui suivent le jour de l'accouchement de la mère; donc ce jour ne compte pas. Pourquoi ce court délai ? Pour empêcher les intéressés de se concerter dans le but de déguiser la vérité, et aussi pour que leur mémoire soit plus fraîche, quand il s'agira de spécifier l'heure de la naissance.

Quelle est la sanction de cette loi ? C'est que l'officier public ne doit point rédiger un acte de naissance après le délai de trois jours. Il faut alors un jugement ; nécessaire pour une simple rectification, à plus forte raison l'est-il pour la réparation d'une omission totale. Et que d'embarras alors pour les auteurs de cette négligence ! Sans compter l'emprisonnement, dont la durée varie de 6 jours à 6 mois, et les amendes, qui sont de 16 francs au moins, de 300 francs au plus !

La déclaration doit être faite à l'officier de l'état civil du lieu de la naissance. On ne s'inquiète pas si l'accouchement a eu lieu au domicile ou hors du domicile de la mère : on ne s'inquiète que du lieu où s'est fait cet accouchement.

Quelles personnes sont tenues de déclarer la naissance ?

Il faut, à cet égard, distinguer deux cas :

1° L'accouchement a lieu au domicile de la mère :

La déclaration doit être faite par le père ; à défaut du père, c'est-à-dire s'il est absent, ou qu'il ne veuille pas se faire connaître, ou qu'il ne puisse faire cette déclaration par suite d'un empêchement notoire, c'est aux docteurs-médecins, sages-femmes, etc., qu'incombe le devoir de la déclaration ; enfin, à défaut des gens de l'art, elle doit être faite par les personnes quelconques qui ont assisté à l'accouchement ;

2° L'accouchement a lieu hors du domicile de la mère :

A défaut du père, c'est au maître de la maison, et subsidiairement aux docteurs, etc., qu'appartient le soin de faire la déclaration.

L'acte de naissance doit être rédigé immédiatement après la déclaration, en présence des déclarants et des témoins.

Nous retrouvons là une des règles générales de tous les actes de l'état civil.

Aux termes de la loi, l'enfant doit être présenté à l'officier de l'état civil, mais la pratique a démontré le danger d'exposer de petits êtres âgés de moins de trois jours aux intempéries des saisons, et presque partout l'on a autorisé les officiers de l'état civil à se fier, pour l'existence et le sexe de l'enfant, au certificat d'un médecin. A Paris, c'est depuis le 1er janvier 1868, qu'en vertu d'un arrêté préfectoral, il suffit de prévenir le maire de la naissance d'un enfant, pour qu'un médecin, commis à ce service, se rende au domicile de la mère pour examiner l'enfant. Ce médecin dresse un certificat, d'après lequel est rédigé en partie l'acte de naissance. Je dis *en partie*, parce que ce certificat ne remplace qu'une chose, la présentation de l'enfant à l'officier public, et qu'il ne saurait suppléer aux déclarations de paternité, de maternité, etc., qui sont du devoir du père ou de ceux qui ont assisté à l'accouchement.

Si l'enfant, au lieu d'être vivant, est un enfant mort, il n'y en a pas moins lieu de dresser un acte, seulement c'est un acte de décès qu'on dresse. Quant à la question de savoir si cet enfant est né vivant ou mort, vivant et viable, ou vivant et non viable, ce n'est pas à l'officier de l'état civil qu'il appartient de la trancher, c'est aux hommes de l'art et, après eux, s'il le faut, à la justice.

Quels faits doivent être énoncés dans l'acte de naissance? Les faits à énoncer sont :

1° La date, c'est-à-dire le jour et l'heure de la naissance ;

2° Le lieu de l'accouchement, désignation utile pour la femme qui nierait son accouchement et prouverait un alibi ;

3° Le sexe de l'enfant, les droits des femmes étant différents de ceux des hommes ;

4° Le prénom ou les prénoms qu'on donne à l'enfant; une loi du 11 germinal an XII (1804) défend de donner à un enfant des prénoms autres que ceux qui sont en usage dans les différents calendriers, ou qui ont appartenu à des personnages connus de l'histoire ancienne, c'est-à-dire de l'histoire des peuples orientaux, grec et romain.

Quant au nom propre de l'enfant, il est inutile de le désigner spécialement, puisque ce nom est toujours celui du père, ou au moins celui de la mère, et que ce nom, comme nous le verrons bientôt, est toujours écrit dans l'acte.

Au sujet du *nom propre*, permettez-moi, Messieurs, de vous donner, en forme de digression, un aperçu de l'histoire des noms propres; je crois que cela vous intéressera.

L'usage des noms de famille ne date guère que de l'an 1000. Avant le onzième siècle, on distinguait un homme par son prénom, suivi de cette mention : *fils d'un tel*. Ainsi, on disait: *Louis, fils de Pierre ; Paul, fils de Jean, etc.* Cet usage existe encore en Russie, où l'on dit : *Serge Nicolaïevich* (ce qui veut dire, *Serge, fils de Nicolas*).

Vers l'an 1000, sous l'influence de l'accroissement de la population, du besoin qui s'en suivait de désigner les gens d'une façon plus nette, et enfin, par l'exemple de ce qui se faisait dans la classe des seigneurs, possesseurs de fiefs, duchés, comtés ou baronnies, l'on commença à prendre des surnoms. Ce sont ces surnoms qui se sont transmis de génération en génération et qui sont devenus les noms de famille. Mais cette hérédité des surnoms ne s'est guère produite d'une façon générale que sous Philippe-Auguste (commencement du treizième siècle).

Pour la classe des seigneurs Francs, le nom de famille fut le nom de la terre. Il en fut de même pour quelques vassaux, petits propriétaires ou fermiers, qui tirèrent leur nom de la situation de leur demeure, comme *Duval*, *Dumont*, ou d'une particularité de cette demeure, comme *Delahaye*, *Duchêne, etc.*

D'autres tirèrent leur nom de leur métier ou de leur fonction, comme *Letailleur, Leboucher, Larcher, Lesénéchal, etc.*, d'autres, d'une qualité physique ou morale, comme *Lefort, Legrand, Legros, Lebon, Leblond, Lenoir, Legris, Leblanc, etc.*, d'autres, de leur origine, *Lefranc, Lallemand, Picard, Bourguignon, Normand, etc ;* d'autres enfin, d'un simple prénom, comme *Martin, Gérard, Guillaume, Bernard,* ou, avec un diminutif, *Martinet, Gérardot, Guillaumet, Bernardin, etc.*

En 1808, il existait encore en France une classe d'hommes, fort importante, qui n'avait pas de noms de famille. C'étaient les Juifs ou Israélites. Un décret leur ordonna, à la suite d'un grand sanhédrin, ou réunion des principaux d'entre eux, de déclarer, dans un délai de trois mois, quel nom chacun d'eux entendait prendre et léguer à ses enfants. On ne leur défendit que les noms de ville ou les noms tirés de l'ancien testament. Ceci se fit très-exactement, chaque famille israélite a depuis cette époque un nom qui lui est propre. Cependant, nous voyons quelques familles juives qui portent des noms prohibés par le décret de 1808, comme *Abraham, Aaron, Samuel,* tirés de l'ancien testament, ou *Fould,* qui n'est autre que le nom de la ville allemande *Fulda,* etc.

Il n'est plus permis aujourd'hui de changer de nom ; on doit garder celui qui est inscrit sur l'acte de naissance, et il est défendu d'en prendre un autre, sauf en cas de rectification par le jugement d'un tribunal, d'addition ou de modification autorisée par le gouvernement après enquête.

C'est la loi du 6 fructidor an II (1794) qui a réglé cette

fixité des noms de famille, sans laquelle la société ne serait plus que confusion.

Revenons aux actes de naissance.

Quelles personnes doivent être désignées dans un acte de naissance ?

1° Les témoins ; c'est une pure application de la règle commune à tous les actes de l'état civil ;

2° Les père et mère de l'enfant, lesquels seront désignés par leurs noms, prénoms, professions et domicile ; c'est afin que l'acte prouve à la fois le fait de la naissance et la filiation de l'enfant.

Il faut cependant ici faire une distinction :

L'enfant est légitime? Point de doute : les noms des père et mère seront écrits dans l'acte.

L'enfant est incestueux ou adultérin? Point de doute encore : ni le nom du père ni le nom de la mère ne doivent être portés dans l'acte, sauf le cas pourtant, où l'un des deux seulement serait adultère, et où l'autre, évitant de nommer son complice, se présenterait comme père ou mère naturel de l'enfant.

Enfin, l'enfant est simplement naturel, c'est-à-dire né d'un homme et d'une femme libres de tout lien conjugal et qu'aucune parenté au degré prohibé n'empêche de se marier ? L'officier de l'état civil inscrira le nom du père, si celui-ci se déclare le père de l'enfant, et il inscrira le nom de la mère, lorsqu'il sera déclaré par ceux qui feront la déclaration de la naissance.

Pour terminer la matière des actes de naissance, il me faut passer rapidement en revue quelques questions secondaires.

1° *Enfants trouvés.* — On doit rassembler et consigner

par écrit toutes les circonstances propres à faire reconnaître leur identité et à les faire retrouver un jour par leurs parents.

Ainsi, toute personne qui trouve un nouveau-né *doit*, sous peine d'un emprisonnement de 6 jours à 6 mois et d'une amende de 16 à 300 francs, le remettre à l'officier de l'état civil, ainsi que les vêtements et autres effets trouvés sur l'enfant, et déclarer toutes les circonstances du lieu et du temps où la découverte a été faite.

Il est dressé un procès-verbal détaillé, qui énonce l'âge apparent et le sexe de l'enfant, les noms qui lui sont donnés, et l'autorité civile à laquelle il est confié. Ce procès-verbal, le plus ordinairement dressé par un commissaire de police, est transcrit sur les registres de l'état civil.

2° *Enfants nés sur mer.* — L'acte est dressé dans les 24 heures qui suivent la naissance, en présence du père, s'il est présent, et de deux témoins pris parmi les officiers ou, à leur défaut, parmi les hommes de l'équipage.

L'officier public est, sur les bâtiments de l'état, un officier de l'administration maritime, et sur les bâtiments particuliers, le capitaine ou patron. L'acte de naissance est inscrit à la suite du rôle d'équipage. Au premier port où l'on relâche, deux copies de cet acte sont déposées au bureau de l'inscription maritime ou au consulat de France, l'une pour y rester, l'autre pour être envoyée au ministère de la marine, qui la certifie et l'envoie au maire du domicile du père ou de la mère, si le père est inconnu, et ce fonctionnaire la transcrit sur les registres de sa commune.

3° *Enfants naturels reconnus par un acte postérieur.* — L'acte de reconnaissance est inscrit à la suite des actes dans les registres courants des naissances, et il est reproduit sommairement en marge de l'acte de naissance de l'enfant reconnu.

Nous passons, Messieurs, aux **actes de décès**.

Ici nous allons trouver deux sortes de dispositions : les unes, étrangères aux actes de l'état civil, consistent dans les mesures de police nécessitées par le danger des inhumations prématurées et par celui de laisser un crime impuni ; les autres se refèrent à la rédaction même de l'acte, et ont pour but de constater le décès et de déterminer l'individualité de la personne décédée.

Voici quelles sont les *mesures de police judiciaire* que la loi prescrit pour la vérification du décès.

Aucune inhumation ne peut être faite sans une autorisation, qui est donnée par l'officier de l'état civil, sur papier libre et sans frais. Vingt-quatre heures au moins, sauf certains cas très-exceptionnels, doivent s'écouler entre le décès et l'inhumation ; de plus, l'officier de l'état civil doit, avant de donner l'autorisation d'inhumer un mort, s'assurer de la réalité du décès ; dans la pratique, c'est un médecin qui procède à cette vérification.

Comme vous le voyez, la loi a pris toutes les précautions humainement possibles pour éviter l'affreux malheur de l'enterrement d'une personne qui ne serait qu'en léthargie ou en catalepsie. Il faut cependant reconnaître que cela peut arriver, bien que ce soit extrêmement rare : il suffirait, pour s'en convaincre, de lire l'étrange et émouvant récit fait au Sénat, dans la séance du 27 février 1866, par un cardinal français, encore en vie, qui faillit être inhumé vivant, alors qu'il n'était qu'un jeune vicaire, et qui, regardé comme mort par tous, voyait et entendait tous les détails de la cérémonie de ses obsèques, heureusement plus longue pour un clerc que pour un laïque, ce qui lui permit de revenir à lui et de vivre ensuite de longs jours.

Quant au danger de laisser un crime impuni, voici comment la loi y pare. En cas d'indices de mort violente ou de circonstances qui permettent de la soupçonner telle, un commissaire de police, assisté d'un docteur, vérifie l'état du cadavre et note les circonstances propres à mettre sur la voie du crime, s'il existe.

Occupons-nous maintenant de la *rédaction de l'acte de décès*.

Ici, nous retrouvons, bien entendu, l'officier public, mais les personnes des déclarants et des témoins sont confondues. L'acte, nous dit la loi, est dressé sur la déclaration de deux témoins. C'est dire que les déclarants doivent remplir les conditions imposées aux témoins de tout acte de l'état civil : être du sexe masculin et être âgé de 21 ans au moins.

L'acte de décès doit se borner à constater :

1º Le fait même du décès ;

2º L'individualité de la personne décédée.

Le fait même du décès. — Pas autre chose, Messieurs : on ne doit pas porter dans l'acte les circonstances du décès, ni maladie, ni accident, ni suicide, ni assassinat, ni exécution, etc. La loi le défend absolument, afin de ne jamais remettre sous les yeux de la famille, encore moins des étrangers, le souvenir de faits déshonorants ou même simplement regrettables.

L'individualité du décédé. — L'acte de décès doit contenir simplement :

1º Les prénoms, nom, âge, profession et domicile du décédé ;

2º La mention de sa situation de veuf ou d'époux ;

3º Le lieu de sa naissance ;

4º Les noms et prénoms de ses père et mère, s'il est possible de les connaître, et ceci, afin de mieux fixer son identité.

Quant au jour et à l'heure du décès, la loi ne prescrit p?
de les énoncer, comme elle l'a fait pour les actes de p.ᵃˢ⁻

sance. Dans la pratique cependant, on inscrit cette double mention, et l'on fait bien, puisqu'on indique ainsi d'une façon plus précise le moment où s'ouvre la succession du décédé ; sauf aux intéressés à attaquer en justice cette mention qui, n'étant pas prescrite par la loi, peut être attaquée sans la procédure dangereuse de l'inscription de faux.

Comme je l'ai fait pour les actes de naissance, je vous indiquerai sommairement, pour les actes de décès, la solution que donne la loi à quelques questions particulières.

En cas de *décès dans les hôpitaux civils ou militaires, dans les casernes, les collèges, les séminaires, les prisons, etc.*, c'est au directeur de la maison qu'incombe le devoir de faire la déclaration de décès à l'officier public de la commune où est située cette maison, et ce dernier transmet une copie de l'acte à l'officier public du dernier domicile du décédé, pour que celui-ci le transcrive sur ses propres registres.

Pour les *condamnés à mort*, c'est le greffier criminel qui dresse un procès-verbal et l'envoie à l'officier public de la commune où a eu lieu l'exécution, lequel dresse un simple acte de décès.

En mer, les règles que je vous ai expliquées pour les actes de naissance sont applicables aux actes de décès.

Pour les *décès dans les flots, dans les éboulements, les incendies, etc.*, un procès-verbal qui tient lieu d'acte de décès est transcrit sur les registres.

Je terminerai par une hypothèse plus intéressante, celle du *décès dans une bataille*. Si, comme nous l'avons vu malheureusement, la bataille se donne sur le territoire français, point de difficulté : l'acte de décès est dressé par l'officier public de la commune où est relevé le corps du soldat décédé. Mais si la bataille se donne dans un pays étranger, si l'armée, en un mot, est hors du territoire de la République, les actes de décès sont rédigés par des officiers de l'armée, expressément chargés de ce devoir, et transmis ensuite aux différents maires des communes où les militaires décédés avaient leur dernier domicile.

Cette dernière prescription, Messieurs, a pour base une fiction de la loi, condensée dans ce mot que je vous engage à retenir : *là où est le drapeau, là est la France !*

Je vous ai dit, dans ma première leçon, pourquoi je ne ferai pas suivre immédiatement l'explication des actes de naissance et de décès par celle des actes de mariage. J'aborderai donc, dès la prochaine leçon, la constitution de la famille.

IVᵉ LEÇON

CONSTITUTION DE LA FAMILLE. — FILIATION.

Nous sommes convenus, vous vous le rappelez, Messieurs, de suivre dans le cours de sa vie normale un être humain quelconque, et d'examiner l'un après l'autre tous les droits et tous les devoirs principaux qu'il rencontrera en grandissant.

Occupons-nous donc des rapports qui vont exister entre l'enfant, à la naissance duquel nous avons assisté, et ses parents.

Il s'établit, dès la naissance de l'enfant, entre lui et ses père et mère, un lien, une relation qui est plus ou moins intime, selon que l'enfant provient ou non d'une union légitime.

Cette relation, ce lien, prend un nom différent selon qu'on a en vue l'enfant, le père ou la mère.

Pour l'enfant, cela s'appelle la *filiation ;*

Pour le père, la *paternité ;*

Pour la mère, la *maternité.*

C'est cette relation qui est l'origine des autres liens de

famille et de parenté. Je vais essayer de vous faire comprendre ces notions un peu abstraites.

La loi reconnaît trois espèces de filiations :

1° La filiation légitime ou légitimée;

2° La filiation naturelle, qui comprend la filiation naturelle simple et la filiation adultérine ou incestueuse;

3° La filiation adoptive (je vous parlerai en son temps de cette dernière).

Tout cela fait, si l'on compte bien, six espèces d'enfants : les légitimes, les légitimés, les naturels, les adultérins, les incestueux et les adoptifs.

La **filiation** est la source des droits les plus importants, mais ces droits sont plus ou moins étendus, suivant la catégorie à laquelle appartient l'enfant.

Est-il légitime? le lien qui l'unit à ses père et mère s'étend à leurs parents, il entre dans la *famille* : il a des ascendants et des collatéraux (les *ascendants* sont ceux de qui l'on descend : père, mère, aïeul, aïeule, bisaïeul, bisaïeule, etc.; les *collatéraux* sont ceux qui descendent d'un auteur commun : frère, sœur, oncle, tante, neveu, nièce, cousin, cousine, etc.). Cette parenté nombreuse, complète, l'enfant légitime la possède, même avant d'être né : à partir de sa conception, il peut hériter de tous ces parents.

L'enfant est-il légitimé? même résultat, Messieurs, mais seulement à partir du mariage de ses père et mère.

Est-il naturel simple? il n'a d'autres parents que le père ou la mère qui l'a reconnu; c'est avec peine qu'on lui attribue pour frère ou sœur les enfants nés du même père ou de la même mère que lui, et encore est-ce seulement pour prohiber un mariage entre eux, car ils n'héritent pas les uns des autres, et c'est dans des limites très-restreintes que l'enfant naturel succède au père ou à la mère qui l'a reconnu.

Est-il adultérin ou incestueux? il n'a pas de parents : pas même un père ou une mère. On est toujours le fils de quelqu'un, dit un personnage d'une comédie célèbre : oui, en fait, mais non en droit! La loi place très-bas dans l'échelle sociale l'enfant adultérin ou incestueux. Elle frappe donc un innocent, penserez-vous peut-être? oui, quand il n'y a pas d'autre moyen de réprimer ou plutôt de prévenir des crimes aussi odieux que l'adultère ou l'inceste. Bien que l'enfant, né d'un tel crime, n'ait pas le droit d'avoir, comme tout le monde, un père ou une mère, cependant la loi n'a pas voulu qu'il mourût de faim ou de misère, et elle lui a donné le droit de réclamer des aliments à la femme dont il est né, lorsqu'il a la preuve que c'est bien elle qui l'a mis au monde.

Comment allons-nous reconnaître qu'un enfant doit être classé dans l'une ou l'autre de ces catégories. En d'autres termes, quels sont les *enfants légitimes?* Ce sont : 1° ceux qui sont conçus et nés pendant le mariage; 2° ceux qui sont conçus avant le mariage et nés pendant sa durée; 3° ceux qui sont conçus pendant le mariage et nés après sa dissolution par la mort du mari.

Messieurs, la loi est toujours favorable à l'enfant, et, pour bien des motifs, ne fût-ce que pour éviter des procès scandaleux, elle attribue, autant qu'elle le peut sans léser personne, la qualité d'enfant légitime à un enfant né dans l'une des deux dernières conditions que je viens de vous énumérer; mais, je vous le répète, elle ne veut léser, dans leurs justes prétentions, ni le mari, ni ses héritiers, surtout au profit d'une femme évidemment coupable; aussi a-t-elle autorisé formellement les intéressés à contester, dans certains cas qu'elle a pris soin de spécifier, la légitimité d'un enfant né moins de 180 jours après la célébration du mariage, ou plus de 299 jours après sa dissolution.

Lorsqu'une pareille contestation se produit, comment l'enfant se défend-il? comment peut-il prouver sa filiation légitime? Par trois modes de preuve : 1° l'acte de naissance; 2° la possession d'état; 3° la preuve par témoins. Ces trois modes de preuve peuvent être combattus par des preuves contraires, mais on peut dire que lorsque les deux premières sont réunies, nulle autre ne prévaut contre elles. Reprenons-les l'une après l'autre.

L'acte de naissance contient bien la preuve de la naissance d'un enfant qui, dans l'espèce, est un enfant légitime; mais prouve-t-il que c'est bien celui qui se présente au procès? non, il faut que celui-ci y ajoute la preuve de son identité, et c'est ici que le second mode de preuve devient nécessaire.

La possession d'état d'enfant légitime se compose de trois faits principaux : le *nom*, le *traitement*, la *renommée*. Qui pourra dire qu'un enfant n'est pas en possession de l'état d'enfant légitime, si celui-ci prouve qu'il a toujours et ouvertement porté le nom de l'homme dont il prétend être le fils légitime, qu'il a toujours appelé celui-ci son père, et qu'il a été traité par lui comme un fils, enfin que ces faits sont à la connaissance de toute une ville, de tout un quartier, de toute une classe de citoyens? C'est ici qu'apparaît le troisième mode de preuve, la preuve par témoins, qui n'est admise que s'il existe déjà, à défaut d'acte de naissance, un commencement de preuve par écrit, ou s'il y a des présomptions ou indices graves résultant de faits constants.

Nous arrivons aux *enfants légitimés* : ce sont des enfants

naturels dont le père et la mère se sont mariés subséquem-
ment.

La légitimation est subordonnée à deux conditions :

1° Reconnaissance de l'enfant par ses père et mère, soit
avant le mariage, soit, au plus tard, dans l'acte même de la
célébration ;

2° Mariage des père et mère.

La légitimation est un bienfait de la loi, puisqu'après
cette double formalité, il n'y a plus aucune différence
entre les enfants légitimes et les enfants légitimés.

Pour la filiation naturelle simple, la loi indique deux
modes de preuve seulement : 1° l'acte de naissance; 2° la
preuve par témoins. Elle ne dit rien de la possession d'état;
cependant on peut penser que ce genre de preuve doit être
admis.

La *reconnaissance d'un enfant naturel* ne peut se faire que
par un *acte authentique*, c'est-à-dire par un acte fait selon
certaines formes solennelles; par *acte sous seing privé*, elle
ne vaudrait rien.

Cet acte authentique est reçu :

1° Par les officiers de l'état civil;

2° Par les notaires;

3° Par les tribunaux civils;

4° Par les juges de paix, assistés de leur greffier.

La reconnaissance peut être faite également dans un testament public, c'est-à-dire dans un testament reçu et rédigé
par un notaire.

Elle ne peut pas l'être par un testament olographe ou
mystique, qui sont des actes sous seing privé.

La reconnaissance peut être faite, soit par les père et
mère concurremment, soit par l'un ou par l'autre seule-

ment, qui ne la fait alors que *pour son propre compte* : « La reconnaissance du père, sans l'indication et l'aveu de la mère, n'a d'effet qu'à l'égard du père. » Ainsi s'exprime le Code, et il ajoute : « La recherche de la paternité est interdite. »

C'est une sage prescription, Messieurs, qui prévient des inconvénients plus graves encore que ceux qu'elle permet : que de scandales évités! que de moyens de chantage arrachés à de méchantes gens qui ne manqueraient pas de faire une lucrative spéculation d'une matière si délicate où tout n'est qu'incertitude!

La loi ne permet de faire la recherche de la paternité que dans un cas qu'elle spécifie : le cas d'enlèvement.

Elle permet aussi la recherche de la maternité; mais à qui la permet-elle? à l'enfant ou à ses ayants-droit, jamais à d'autres.

La reconnaissance n'est possible que pour les enfants naturels simples, elle est impossible pour les *enfants nés de l'adultère ou de l'inceste.*

Toutes ces explications étaient nécessaires, Messieurs, pour que vous puissiez comprendre les différences qui se manifestent dans les rapports entre les enfants et leurs parents, principalement au double point de vue de la puissance paternelle et des droits de succession.

Mais, avant de nous occuper de la puissance paternelle, je dois mettre sous vos yeux un tableau synoptique, qui vous permettra d'embrasser dans son ensemble la constitution de la famille.

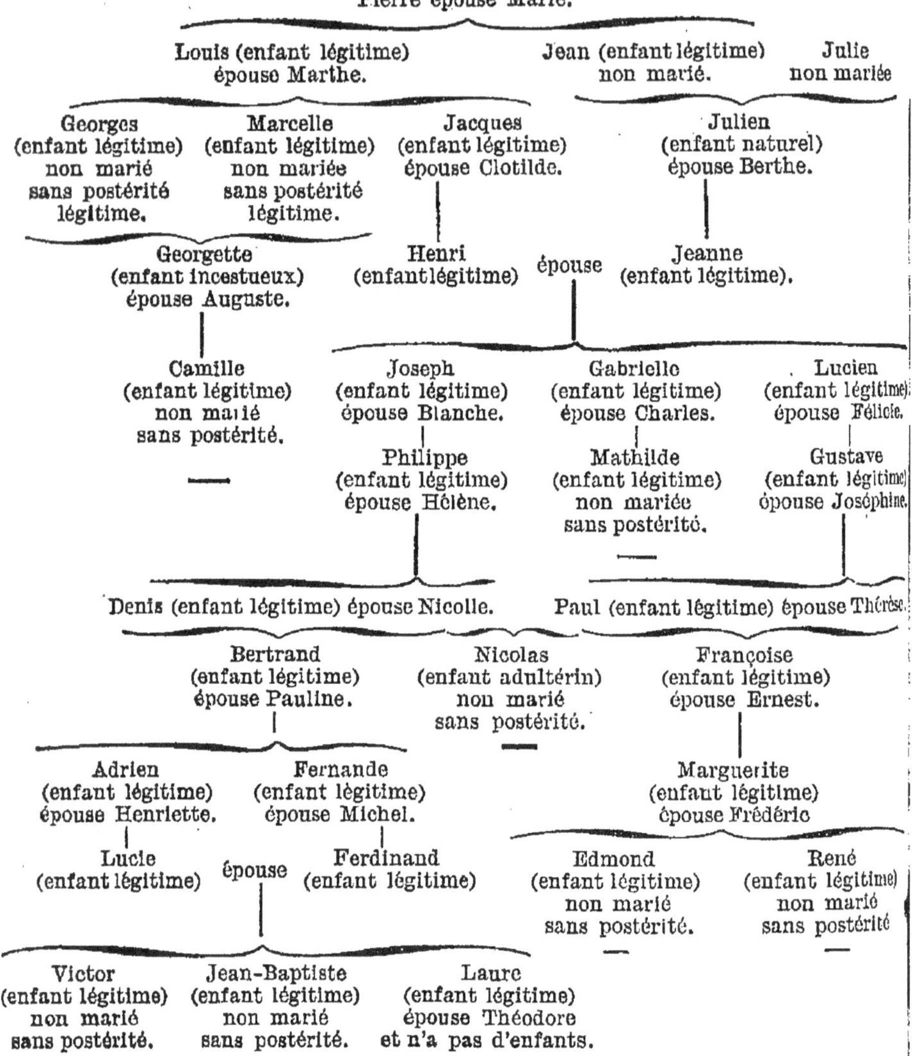

Au moyen de ce tableau, Messieurs, vous allez faire très-facilement vous-mêmes les applications des règles exposées dans cette leçon. Mais quelques explications préliminaires sont indispensables.

La proximité de parenté s'établit par le nombre de générations; chaque génération s'appelle un *degré*.

La suite des degrés forme la *ligne* : on appelle *ligne directe* la suite des degrés entre personnes qui descendent l'une de l'autre ; *ligne collatérale*, la suite des degrés entre personnes qui ne descendent pas les unes des autres, mais qui descendent d'un auteur commun.

On distingue la ligne directe, en ligne directe *descendante* et ligne directe *ascendante*. La première est celle qui lie le chef avec ceux qui descendent de lui ; la deuxième est celle qui lie une personne avec ceux dont elle descend.

En ligne directe, on compte autant de degrés qu'il y a de générations entre les personnes ; ainsi le fils est, à l'égard du père, au premier degré, le petit-fils, au second ; et de même pour le père et l'aïeul à l'égard des fils et petits-fils.

En ligne collatérale, les degrés se comptent par les générations, depuis l'un des parents jusqu'à l'auteur commun, *que l'on ne compte jamais*, et depuis celui-ci jusqu'à l'autre parent.

Ainsi, deux frères sont au deuxième degré, l'oncle et le neveu sont au troisième degré ; les cousins germains au quatrième, ainsi de suite jusqu'au douzième degré, au delà duquel le Code ne reconnaît plus de parenté, car il n'admet pas que deux personnes descendant d'un auteur commun par plus de six générations, par exemple, puissent succéder l'une à l'autre.

Il y a encore une autre distinction à faire, celle de la *ligne paternelle*, et celle de la *ligne maternelle* ; la première se compose des personnes qui descendent du même auteur que votre père, et la seconde de celles qui descendent du même auteur que votre mère. En jetant les yeux sur le tableau qui précède, vous pouvez voir que, pour éviter de le compliquer, je n'ai jamais, sauf le cas d'un mariage entre parents, indiqué les auteurs de la personne épousée par l'un des descendants de Pierre et Marie, les auteurs communs de cette famille imaginaire.

Tel qu'il est, il va nous servir.

Prenons d'abord, au milieu du tableau, Denis, et demandons-nous quels sont ses parents en ligne directe ascendante et en ligne directe descendante.

En ligne directe ascendante, nous trouvons :

Son père Philippe, 1er degré — son aïeul Joseph, 2e degré — son bisaïeul Henri, 3e degré — son trisaïeul Jacques, 4e degré — puis ses autres ancêtres, Louis et Pierre, 5e et 6e degrés;

Sa mère Hélène, 1er degré — et ainsi de suite pour les femmes de chacun de ceux que je viens d'énumérer.

En ligne directe descendante, nous trouvons :

Son fils Bertrand, 1er degré — son petit-fils Adrien, 2e degré — son arrière-petite-fille Lucie, 3e degré — puis les enfants de celle-ci : Victor, Jean-Baptiste et Laure, 4e degré;

Ou bien, dans l'autre branche (qui se réunit à la première branche dès la 4e génération), sa petite-fille Fernande, 2e degré — son arrière-petit-fils Ferdinand, 3e degré.

Pour avoir un exemple de la distinction à établir entre les lignes paternelle et maternelle, prenons Victor, Jean-Baptiste et Laure; leurs ascendants dans la ligne paternelle sont : Ferdinand, leur père; Michel, leur grand-père, et Fernande, leur grand'mère; dans la ligne maternelle, ce sont : Lucie, leur mère; Adrien, leur grand-père, et Henriette, leur grand'mère.

Cherchons à présent des exemples de parenté collatérale :

Joseph, Gabrielle et Lucien sont frères et sœurs, ce sont des collatéraux au 2ᵉ degré.

Comptons en effet en remontant jusqu'à l'auteur commun, Henri, que nous ne compterons pas : Joseph 1, Lucien 2 = Joseph 1, Gabrielle 2 = Gabrielle 1, Lucien 2.

Philippe et Gabrielle sont neveu et tante, ce sont des collatéraux au 3ᵉ degré.

Comptons d'après le même système : Philippe 1, Joseph 2, Henri (qu'on ne compte pas), Gabrielle 3.

Gustave et Joseph, neveu et oncle; Mathilde et Lucien, nièce et oncle, sont aussi, et d'après la même règle, des collatéraux au 3ᵉ degré.

Que sont Philippe et Gustave? des cousins germains, direz-vous? oui, mais dans la langue du droit : des collatéraux au 4ᵉ degré;

Philippe et Paul, collatéraux au 5ᵉ degré;

Denis et Paul, collatéraux au 6ᵉ degré, etc.

Quel lien de parenté trouvons-nous entre Victor et Marguerite? Ce sont des cousins, des collatéraux au 12ᵉ degré;

Et entre Laure et René? ils descendent bien d'un auteur commun, comme les précédents, et cet auteur commun est Henri; ils sont donc cousins, à supposer qu'ils se connaissent; mais la loi ne les considère pas comme des parents capables de succéder l'un à l'autre, parce qu'ils sont au 13ᵉ degré.

Prenons maintenant Jeanne pour exemple : c'est l'enfant légitime de Julien, lequel est son ascendant au 1ᵉʳ degré; mais elle n'est pas la parente d'Henri qu'elle épouse, bien que tous deux descendent de Pierre et de Marie, leurs auteurs communs, parce que Julien, son père, était enfant naturel, et que ce dernier ne pouvait avoir d'autres parents que le père qui, l'ayant eu de Julie (laquelle appartenait à une autre famille), l'a reconnu : ainsi Pierre et Marie ne sont pas les parents de Julien, qui pourtant est le fils de leur fils! C'est là une application de ce que je vous ai dit sur la filiation naturelle.

Si nous cherchons quelle est la situation de Nicolas ou de Georgette, nous la trouverons bien pire.

Le premier est né de l'union coupable de Paul et de Nicolle, tous deux engagés dans les liens du mariage avec une autre personne, au moment de sa conception. S'il se mariait, il pourrait avoir des parents en ligne directe descendante; quant à la ligne directe ascendante, elle n'existe pas pour lui, même au premier degré : son père et sa mère ne peuvent le reconnaître; il n'a pas, à plus forte raison, de collatéraux, et pourtant il a, en fait, un frère, Bertrand, né de la même mère que lui-même, et une sœur, Françoise, née du même père que lui-même; en droit, il n'a ni frère, ni sœur!

Quant à Georgette, elle est née de l'union, plus odieuse encore, d'un frère et d'une sœur; c'est un enfant incestueux; comme l'adultérin, elle n'a ni père ni mère, et Jacques, frère de ceux qui l'ont mise au monde, n'est pas son oncle, comme il l'eût été si elle avait été légitime.

Elle a un fils légitime Camille, qui ouvre pour elle une parenté en ligne directe descendante; mais ce Camille n'est rien non plus, ni pour Jacques, ni pour Georges, ni pour Marcelle; il n'a pas de parents parce qu'il descend d'un enfant incestueux.

En voilà assez, Messieurs, pour vous faire comprendre l'utilité de ce tableau, dont vous pouvez tirer de nombreuses applications des règles sur la filiation. L'étude de la puissance paternelle, qui occupera la leçon suivante, vous fournira d'ailleurs une nouvelle occasion d'appliquer ces règles.

Ve LEÇON

PUISSANCE PATERNELLE.

Messieurs, je vous ai expliqué dans la précédente leçon les diverses manières dont se présente la filiation, et j'ai principalement appuyé sur les différences qu'il y a lieu d'établir au point de vue du lien de famille, entre les parents et leurs enfants, selon que ceux-ci sont légitimes, naturels, adultérins ou incestueux.

Ces explications étaient indispensables pour que vous puissiez comprendre ce que j'ai à vous dire de la **puissance paternelle**, et des restrictions qui y sont apportées par cette circonstance seule d'une paternité qui n'est pas exempte de faute.

D'abord, qu'est-ce que la puissance paternelle ? et quel est son but ?

La puissance paternelle a été organisée :

1° Dans l'intérêt de l'enfant;

2° Dans l'intérêt des père et mère ;

3° Dans l'intérêt de l'État.

Dans l'intérêt de l'enfant ? oui, car l'homme est voué à

l'ignorance dans les premières années de sa vie ; il a tout à apprendre et il ne peut s'instruire lui-même. Sa faiblesse a besoin d'un protecteur et d'un guide : ce protecteur, ce guide, il les trouve dans son père et dans sa mère, qui veillent sur lui et le forment en l'instruisant. Or, comment le diriger sans l'autorité ? Comment le défendre contre ses passions, s'il était indépendant ? La puissance paternelle n'est donc qu'un instrument mis dans les mains des père et mère pour les aider à faire avec succès l'éducation physique et morale de leurs enfants.

Dans l'intérêt des père et mère ? oui, car le plus grand bonheur qu'un homme puisse éprouver, n'est-ce pas de voir ses enfants réussir dans le monde et jouir de l'estime publique ? L'enfant qui a été bien élevé et bien instruit par ses père et mère ne sera-t-il pas plus en mesure de les aider dans leur vieillesse, que s'ils l'avaient laissé grandir dans le vice et l'ignorance ?

Enfin, dans l'intérêt de l'État ? oui, car la puissance paternelle est l'instrument dont l'État se sert pour moraliser la famille, cet élément nécessaire de toute société : l'État, qu'est-ce en effet, sinon une collection de familles ?

La puissance paternelle, que je viens de vous définir dans un sens pratique, est définie ainsi qu'il suit au point de vue de la doctrine :

C'est l'ensemble des droits que la loi confère aux ascendants dans leurs rapports avec leurs descendants.

Mais, plus pratiquement, on peut dire : c'est le droit qu'ont les père et mère de faire ou de diriger l'éducation de leurs enfants ; droit qui entraîne d'ailleurs un devoir correspondant.

On peut considérer ce droit d'éducation comme le premier des attributs de la puissance paternelle ; c'est celui qui engendre les autres.

Les principaux sont :

1° Le droit d'éducation (dont je viens de parler) ;

2° Le droit de garde ;

3° Le droit de correction ;

4° Le droit d'administration ;

5° Le droit de jouissance légale.

Avant de vous expliquer ce que veulent dire ces mots, il faut que je vous dise à qui appartient la puissance paternelle.

Elle appartient au père et à la mère ; mais, pendant le mariage, la mère étant elle-même soumise au père, en sa qualité d'épouse, c'est le père seul qui exerce les droits qui sont contenus dans la puissance paternelle ; sauf le cas où le père serait déclaré incapable, c'est-à-dire le cas où il serait *interdit*, pour cause de folie par exemple ; sauf aussi le cas où il s'agirait de consentir au mariage de l'enfant, cas dans lequel l'avis de la mère est aussi bien demandé que celui du père.

A défaut des père et mère, la puissance paternelle passe aux ascendants, mais pour certains droits seulement ; nous verrons cela plus en détail, quand nous nous occuperons de la tutelle et du mariage.

Quand et comment cesse la puissance paternelle ? Elle cesse en principe, à la *majorité* de l'enfant, c'est-à-dire quand il a accompli sa 21ᵉ année, et quelquefois quand, avant cet âge, il a été *émancipé*, c'est-à-dire reconnu capable de gérer, au moins en partie, ses affaires.

Elle cesse exceptionnellement, lorsque le père ou la mère a subi une condamnation pour avoir excité, favorisé ou facilité la débauche et la corruption de son enfant ; comment en effet, Messieurs, pourrait-on laisser entre les mains de ceux qui démoralisent un instrument créé uniquement pour la moralisation ?

Sans cesser complétement, la puissance paternelle peut être amoindrie par une décision judiciaire, par exemple si les parents ont usé envers leur enfant de violence, de mauvais traitements, s'ils l'ont privé de nourriture, de vêtements, etc., si la maison paternelle est un lieu de débauche, etc. L'enfant peut être, dans ces cas-là, retiré à ses père et mère qui perdent certains des droits contenus dans la puissance paternelle, tels que le droit de garde et le droit de correction, au moins.

Ce serait ici le lieu de vous dire en quoi consistent les attributs principaux de la puissance paternelle.

Mais, auparavant, je dois vous parler d'un attribut tout particulier que la loi a placé, pour me servir d'une belle expression d'un auteur, au frontispice de la puissance paternelle.

Il est exprimé en ces termes par un article du code civil :

« L'ENFANT, A TOUT AGE, DOIT HONNEUR ET RESPECT A SES PÉRE ET MÈRE. »

Cet attribut de la puissance paternelle a ceci de spécial : 1° qu'il ne cesse pas à la majorité ou à l'émancipation de l'enfant (un vieillard doit toujours le respect à ses père et mère, s'il a le bonheur de les posséder encore) ; 2° qu'il appartient à la mère aussi bien qu'au père, même pendant le mariage ; 3° qu'il est commun à tous les ascendants, aïeuls aussi bien que père et mère ; 4° qu'il n'a pas de sanction civile (c'est un précepte de pure morale).

Nous verrons, en temps et lieu, qu'un autre attribut de la puissance paternelle possède quelques-uns de ces caractères : la durée, le partage égal entre la mère et le père, etc. : c'est le droit d'émettre un avis au sujet du mariage projeté par l'enfant, quel que soit l'âge de celui-ci.

J'aborde maintenant, Messieurs, les attributs de la puissance paternelle proprement dite.

Le droit d'éducation. — En quoi consiste ce droit auquel, avons-nous dit, correspond un devoir ?

Il consiste dans le soin de développer les facultés physiques et morales de l'enfant, de régler ses mœurs et de former son intelligence.

C'est de ce droit d'éducation que dérivent les quatre autres droits que je vous ai cités et que je vais examiner l'un après l'autre.

Le droit de garde. — L'enfant ne peut quitter la maison paternelle, ou toute autre maison dans laquelle il a été placé, sans le consentement de son père, ou celui de sa mère, au cas où ce serait celle-ci qui exercerait la puissance paternelle.

Il faut cependant faire une exception pour l'enrôlement volontaire après la 20e année (par conséquent avant la majorité fixée à la 21e).

L'enfant qui a quitté sans permission la maison paternelle peut y être ramené par les agents de la force publique, en vertu d'une ordonnance que délivre le président du tribunal civil, sur la demande du père.

Le droit de correction. — C'est un moyen pour les parents d'exercer efficacement leur droit d'éducation.

Il consiste dans la faculté de faire détenir, pendant un certain temps, l'enfant sur la conduite duquel ils ont de graves sujets de mécontentement.

En quel lieu l'enfant peut-il être détenu ? Il faut assurément éviter de le mettre en contact avec des malfaiteurs qui achèveraient de le gâter. Des lois spéciales y ont pourvu : il y a des prisons uniquement à ce destinées, et, ce qui vaut mieux que la prison à un âge où l'on a besoin d'air et d'exercice, il y a des colonies pénitentiaires, agricoles ou autres.

L'exercice du droit de correction diffère selon qu'il appartient au père ou à la mère.

Le père qui veut exercer son droit de correction, a deux moyens à sa disposition : la *voie d'autorité* et la *voie de réquisition*. Quand il use du premier moyen, c'est que son autorité est complète, tellement complète que le président du tribunal ne peut refuser l'ordre d'incarcérer l'enfant; quand il use du second moyen, c'est que la loi a jugé utile d'amoindrir son autorité et l'a obligé à formuler une réquisition qui peut être l'objet d'un refus de la part du président.

Dans quel cas donc usera-t-il de la voie d'autorité ? C'est quand l'enfant n'aura pas 16 ans, qu'il n'aura pas de biens personnels, pas d'état, enfin quand lui-même ne sera pas remarié, la mère de l'enfant étant morte.

Dans tout autre cas, il lui faudra prendre la voie de la réquisition, parce qu'il faut un contrôle sérieux auprès de la volonté d'un père qui pourrait être influencé par la passion : qui pourrait, par exemple, comprimer avec excès un enfant qui touche à l'âge d'homme, ou exiger de lui, par avarice, la remise de tout l'argent qu'il gagne, ou enfin être poussé par une marâtre à maltraiter l'enfant du premier lit.

La durée de la détention est au plus d'un mois pour l'enfant au-dessous de 16 ans, et au plus de 6 mois pour celui qui est plus âgé (nous savons que dans ce cas c'est l'autorité judiciaire qui examine et qui prononce).

La mère qui veut exercer son droit de correction, n'a qu'un moyen à sa disposition, celui de la réquisition. La voie d'autorité lui est interdite. Ajoutons qu'il lui faut le concours des deux plus proches parents de l'enfant, dans la ligne paternelle. La loi, ici encore, a voulu protéger l'enfant contre les écarts possibles d'une volonté plus impressionnable que celle du père.

La mère qui se remarie perd complétement son droit de

correction. Vous avez vu que le père qui se remarie voit seulement son droit amoindri : d'où vient cette différence ? C'est que l'homme remarié reste toujours le chef du ménage, tandis que la femme remariée tombe sous la puissance de son second mari, lequel, étant un étranger pour l'enfant, ne doit pas être admis même à demander la correction de cet enfant ; dans ce cas, le conseil de famille doit être consulté, et c'est seulement sur une délibération de ce conseil que le président peut accorder la détention de l'enfant.

Il doit être bien entendu par vous que, pour ces sortes d'arrestations, toutes les précautions sont prises afin qu'il n'en reste aucune tache à l'honneur de l'enfant devenu homme : le secret est gardé religieusement ; rien d'écrit aux registres de la prison ; l'ordre du président seul est écrit, et encore reste-t-il muet sur les causes de la correction.

Les frais d'alimentation de l'enfant détenu restent toujours à la charge des père et mère : sans quoi, combien de méchantes gens feraient enfermer leur enfant, pour se soustraire au premier de leurs devoirs ?

Enfin, le père ou la mère qui ont usé du droit de correction, ont toujours le droit de grâce et peuvent abréger la durée de la détention.

Le droit d'administration et le droit de jouissance légale. — Le droit de jouir légalement des biens appartenant à un enfant est donné à ses parents, comme une récompense des soins que leur impose le devoir de faire son éducation. Ce droit peut quelquefois procurer aux parents des avantages bien supérieurs à la dépense de l'enfant ; qu'importe ! La loi n'a pas voulu faire ici de calculs, parce que si les parents s'enrichissent, l'enfant retrouvera dans leur succession les biens qu'ils auront ainsi acquis ; d'ailleurs, le compte des revenus perçus pendant un grand nombre d'années eût pu créer la discorde entre l'enfant et ses parents.

Le droit de jouissance légale ne peut être aliéné; on ne peut ni le céder à un tiers, ni l'hypothéquer (en faire le gage d'un prêt); la puissance paternelle, dont ce droit est une portion, n'est pas dans le commerce.

Les aïeuls, aïeules, etc. ne l'ont pas; les père et mère légitimes en sont seuls investis.

Il ne passe à la mère que lorsqu'elle a la charge de l'éducation, c'est-à-dire quand elle devient veuve, ou que le mari est interdit.

Tous les biens de l'enfant y sont soumis, sauf trois exceptions :

1° Les biens acquis par un travail séparé et distinct de celui des parents : c'est un encouragement que la loi a voulu donner à l'enfant;

2° Les biens légués ou donnés à l'enfant, sous la condition expresse que les père et mère n'en auront pas l'usufruit : il faut, en effet, avant toutes choses, respecter la volonté des testateurs ou donateurs;

3° Les biens recueillis par l'enfant dans une succession dont le père ou la mère a été privé pour cause d'indignité : sans quoi ce père ou cette mère recouvrerait, pour ainsi dire, par un moyen détourné, une succession dont la loi l'aurait justement écarté, pour avoir, par exemple, été condamné à une peine quelconque à la suite d'une tentative de meurtre sur la personne du défunt.

Un usufruitier ordinaire, c'est-à-dire celui qui a le droit de jouir d'un bien qui appartient à un autre, doit, s'il n'en a été formellement dispensé, fournir une caution, autrement dit, fournir une garantie valable pour la restitution de ce bien; la jouissance légale est une sorte d'usufruit, mais les parents n'ont pas de caution à fournir. Sauf certaines différences, ils sont tenus des mêmes charges que l'usufruitier: entretenir et conserver les biens, etc. De plus, ils ont une autre charge, déjà connue de vous : nourrir, entretenir et élever l'enfant, selon les moyens que lui promet cette fortune dont ils jouissent.

Cet usufruit légal s'éteint : 1° quand l'enfant a atteint sa 18ᵉ année ; 2° quand il est émancipé avant cet âge ; 3° quand il vient à mourir ; 4° quand le père et la mère meurent avant la 18ᵉ année de l'enfant ; 5° quand ils ont donné lieu, pour les causes déjà indiquées, à l'amoindrissement, sinon à la perte de leur puissance paternelle ; 6° quand la mère se remarie ; 7° quand le père et la mère renoncent volontairement à l'avantage que la loi leur fait ; 8° quand ils abusent de ce droit, risquant, par exemple, de détruire le bien de l'enfant pour en tirer le plus grand profit pendant le peu de temps qui leur est accordé, et qu'on peut dire d'eux alors qu'ils tuent la poule aux œufs d'or..

Quant au droit d'administration des biens, il est confondu avec le droit de jouissance légale jusqu'à la 18ᵉ année de l'enfant. Il s'en sépare à ce moment ; le père et la mère deviennent comptables des revenus perçus envers l'enfant, pour le jour où il atteindra sa majorité, soit sa 21ᵉ année. La même règle est applicable, même avant la 18ᵉ année de l'enfant, aux revenus des biens qui ont été soustraits par la loi ou par une clause expresse à l'usufruit paternel.

Maintenant, Messieurs, demandons-nous si tous ces droits, qui appartiennent au père et à la mère d'un enfant légitime, appartiennent aussi à ceux que j'appellerai *les autres*.

Vous savez déjà que le droit de jouissance légale n'appartient qu'aux parents légitimes.

Le père ou la mère qui a reconnu un enfant naturel, a les quatre autres droits : droit d'éducation, droit de garde, droit de correction, droit d'administration.

Quant aux enfants naturels non reconnus, aux adultérins,

aux incestueux, quel lien peut exister entre eux et des parents qui les abandonnent ou que leur faute empêche légalement d'avouer leur paternité, leur maternité ? Les quatre droits que je viens d'énumérer, appartiennent donc, non à ces parents indignes, mais à ceux qui ont pris la charge de l'enfant.

C'est ce que nous verrons en étudiant les dispositions prises par la loi pour assurer l'éducation des enfants, quand leurs protecteurs naturels viennent à manquer.

Je vous parlerai donc, dans ma prochaine leçon, de la tutelle, de la tutelle officieuse et de l'adoption.

VIe LEÇON

TUTELLE. — TUTELLE OFFICIEUSE. — ADOPTION.

Messieurs, vous connaissez l'ensemble des droits et des devoirs que crée au père de famille sa situation à l'égard de jeunes êtres qui n'ont pas encore acquis l'expérience nécessaire pour se diriger seuls dans la vie, pour s'instruire de tout ce qu'ils doivent savoir afin d'être un jour en état de se suffire à eux-mêmes.

Nous allons aujourd'hui chercher ce qui arrive quand le père, ce protecteur naturel, vient à disparaître avant que l'enfant n'ait atteint sa majorité. Nous verrons quels sont les liens qui s'établissent entre l'enfant et ceux qui, à défaut du père, et même de la mère, prennent ou reçoivent la charge de son éducation. Ces liens, nous les connaissons quand il s'agit du père; ils se résolvent en cinq droits que nous connaissons également. De ces droits du père, nous verrons ce qu'il en reste à celui qui prend la charge à son défaut, et qu'on appelle *tuteur*.

La situation d'être tuteur se nomme la **tutelle**.

Qu'est-ce, au juste, que la tutelle? c'est une charge publique et gratuite, imposée à une personne capable de prendre soin de la personne d'un incapable et de le représenter dans les actes de la vie civile.

C'est une *charge publique*, parce qu'elle constitue un devoir qui importe beaucoup à toute société bien organisée, et qu'il n'est pas permis de refuser, sauf le cas d'excuse légitime.

Elle est *gratuite*, mais elle porte sa récompense avec elle-même : le tuteur se souvient de ce qu'on a fait pour lui, ou bien songe qu'on rendrait le même service à ses enfants, s'il venait à mourir avant leur majorité.

Le tuteur doit être une personne *capable*, cela va de soi : va-t-on confier un incapable à un autre incapable?

Celui qui a un tuteur (on le nomme *pupille*) est nécessairement un *incapable*, mais tous les incapables n'ont pas un tuteur : les femmes mariées sont des incapables, elles ont leur mari ; les mineurs émancipés sont des incapables, ils ont un curateur. Sont seuls sujets à tutelle les *mineurs* non émancipés, et les interdits, ces malheureux dont l'enfance est, pour ainsi dire, perpétuelle.

Toute tutelle vient de la loi, en ce sens qu'elle ne peut avoir lieu que sous les conditions et dans les cas déterminés par la loi. Mais, comme le tuteur est désigné, tantôt par la loi, tantôt par certaines personnes à qui la loi a délégué son pouvoir, on a divisé les tutelles en deux classes principales : *la tutelle légitime* et *la tutelle dative.*

La tutelle légitime est celle qui est déférée directement à certaines personnes par la loi, en vertu de la seule qualité de ces personnes ; elle se subdivise en deux espèces : la tutelle légitime du survivant des père et mère, et la tutelle légitime des ascendants.

La tutelle dative est celle qui est déférée par certaines

personnes à qui ce pouvoir appartient, en vertu de la loi ; elle se subdivise également en deux espèces : la tutelle testamentaire et la tutelle dative proprement dite.

En résumé, il y a donc quatre espèces de tutelles, et voici leur ordre de préférence :

1° Tutelle légitime du survivant des père et mère ;

2° Tutelle testamentaire déférée par le dernier mourant des père et mère ;

3° Tutelle légitime des ascendants ;

4° Tutelle dative déférée par le conseil de famille.

Tutelle du survivant des père et mère. — Il ne faudrait pas confondre l'administration légale des biens avec cette tutelle ; dans le premier cas, il n'y a pas auprès des parents, administrateurs des biens de leurs enfants, ce surveillant spécial que la loi place auprès de tout tuteur, et qui s'appelle *subrogé-tuteur.*

La tutelle s'ouvre dès que l'un des père ou mère vient à mourir.

Mais il faut établir des différences notables entre la tutelle du père survivant et la tutelle de la mère survivante.

1re *différence.* — La mère ne peut modifier la tutelle que sa mort va déférer au père qui lui survit, tandis que celui-ci peut modifier la tutelle qui, par sa mort, appartiendra à la mère survivante. Ainsi, le mari peut restreindre les pouvoirs de sa femme, en tant que tutrice ; il peut, s'il juge que sa femme, devenue veuve, sera inhabile aux affaires, désigner un conseiller, sans l'avis duquel elle ne pourra point exercer, en totalité ou en partie, la tutelle. Ce conseiller, qui n'a pas les pouvoirs d'un co-tuteur, ne peut être nommé que de deux manières : par un acte de dernière volonté, ou par une déclaration faite, soit devant le juge de paix et son greffier, soit devant deux notaires.

2ᵉ *différence*. — Le père survivant est tuteur de son enfant, bon gré, mal gré. Tout au plus pourrait-il présenter une excuse légale. La mère survivante, au contraire, n'est tutrice qu'autant qu'elle accepte de l'être.

La loi ne lui *impose* pas la tutelle, comme elle le fait au père, elle la lui *offre*. Si elle accepte, elle est tutrice depuis le jour de la dissolution du mariage; si elle refuse, elle n'a jamais été tutrice; dans ce cas elle doit, très-promptement, convoquer le conseil de famille pour faire nommer un autre tuteur à sa place, et remplir provisoirement les fonctions de tutrice jusqu'à cette nomination.

3ᵉ *différence*. — Le père qui se remarie conserve de plein droit la tutelle, parce qu'en droit, sinon en fait, il garde intactes son autorité et la liberté de ses actions. Il n'en est pas de même de la mère qui convole en secondes noces : en droit, sinon en fait, elle subit l'autorité de son nouvel époux; elle n'a plus sa liberté d'action, ou plutôt c'est lui qui agit pour elle.

Qu'a fait la loi dans cette circonstance? elle n'a voulu prendre aucun parti extrême, laisser quand même la tutelle à la mère remariée, ou la lui ôter quand même. Elle a pris un moyen terme, qui concilie tout.

La mère qui veut se remarier est tenue de convoquer le conseil de famille pour délibérer sur la question de savoir si elle sera ou ne sera pas maintenue dans la tutelle. C'est au conseil de famille à voir quel est l'intérêt de l'enfant : sa décision est souveraine. S'il retire la tutelle à la mère qui veut se remarier, il nomme un autre tuteur. S'il la lui laisse, il est obligé de lui donner pour *co-tuteur* le nouveau mari, qui alors devient avec elle solidairement responsable de la gestion de la tutelle postérieurement au mariage.

Pourquoi cette co-tutelle? c'est : 1° afin d'engager légalement, dans l'intérêt des mineurs, la responsabilité, toujours engagée en fait, de leur beau-père; 2° parce qu'il eût été injuste de rendre la mère seule responsable d'une tutelle qu'en réalité elle n'est pas libre de gérer seule.

Cette co-tutelle cesse en même temps que la tutelle même; mais, à l'inverse, la tutelle de la mère continue quand la co-tutelle vient à cesser, par exemple dans le cas de la mort de ce second mari de la mère.

La mère qui se remarie, sans convoquer préalablement le Conseil de famille pour savoir si la tutelle lui sera maintenue, perd de plein droit cette tutelle. Elle peut, sans aucun doute, être renommée tutrice, mais elle exerce, alors, une tutelle dative et non une tutelle légitime.

Tutelle déférée par le dernier mourant des père et mère. — Ce droit de déférer la tutelle qu'il exerçait lui-même, est une suite de la confiance que la loi lui accorde. Il ne peut faire cette nomination que des deux façons déjà indiquées pour la désignation du conseiller spécial que le père mourant peut donner à la mère.

On appelle la tutelle ainsi déférée la *tutelle testamentaire*, parce qu'elle ne peut commencer qu'après la mort de celui qui la défère, lequel est toujours le dernier mourant; faite par le premier mourant, elle serait nulle; nulle également, si le dernier mourant n'avait pas lui-même la tutelle de ses enfants : on ne peut donner que ce que l'on a.

La mère remariée voit encore ici ses droits diminués par le fait de son second mariage : non maintenue dans la tutelle, elle ne peut la déférer, puisqu'elle ne l'a pas; maintenue dans la tutelle avec son second mari comme co-tuteur, elle peut, dans un testament, indiquer le nouveau tuteur qu'il lui plairait de voir choisir par le conseil de famille, mais non le nommer elle-même; elle ne peut donc faire qu'une présentation au conseil qui est libre d'y accéder ou de s'y refuser.

Le tuteur testamentaire n'est pas obligé d'accepter la tutelle, à moins qu'il ne soit dans la classe des personnes à qui le conseil eût pu imposer cette charge, si la nomination lui avait été laissée.

Tutelle légitime des ascendants. — Pour qu'un ascendant soit chargé de la tutelle, il faut trois conditions :

1° Que le père et la mère soient tous deux décédés ;

2° Que le dernier mourant des père et mère n'ait pas choisi un tuteur testamentaire ;

3° Qu'il n'existe pas, lors du décès du dernier mourant, un tuteur datif, choisi par le conseil de famille, dans le cas, par exemple, où la mère remariée n'aurait pas été maintenue dans la tutelle.

Les ascendantes ne sont pas appelées à gérer la tutelle de leurs petits-enfants. La seule femme qui ait ce droit, c'est la mère qui survit au père.

La loi fait un choix entre les divers ascendants vivants :

1° A degrés inégaux, elle donne la préférence au plus proche, par exemple à l'aïeul maternel sur le bisaïeul paternel ;

2° A degrés égaux, elle préfère celui dont l'enfant porte le nom, comme étant plus intéressé à ce que ce nom soit bien porté, à ce que l'enfant y fasse honneur ; elle choisit donc dans ce cas l'ascendant paternel.

Tutelle déférée par le Conseil de famille. — C'est la tutelle *dative* proprement dite. Il y a lieu à cette tutelle quand il n'y a ni père, ni mère, ni tuteur testamentaire, ni ascendant, et aussi quand la tutelle n'a pu être conservée à l'un de ces personnages, pour indignité, incapacité, excuse légale, refus admis, ou enfin deuxième mariage de la mère sans qu'elle ait fait ce que je vous ai dit.

Il ne peut y avoir, Messieurs, qu'un seul tuteur; mais celui-ci a toujours à côté de lui un surveillant spécial dont je vous ai déjà dit le nom : le *subrogé-tuteur*, lequel, pour que sa mission soit plus exactement remplie, est, autant que possible, pris dans la ligne opposée à celle qui fournit le tuteur.

Conseil de famille. — Ce conseil, que vous avez déjà vu dans l'exercice de quelques-unes de ses fonctions, a de triples attributions :

1° Il nomme, exclut, destitue les tuteur, co-tuteur, subrogé-tuteur, dans les cas déterminés par la loi;

2° Il autorise le tuteur à faire certains actes qu'à raison de leur importance celui-ci ne peut faire seul;

3° Il donne son avis sur les questions, intéressant le mineur, sur lesquelles il est consulté par le tuteur ou par les tribunaux.

Quelle est sa composition? il est présidé par le juge de paix du canton (à Paris, de l'arrondissement), et il comprend six parents ou alliés de l'enfant; dont trois pris dans la ligne paternelle et trois dans la ligne maternelle. Ces parents ou alliés doivent être domiciliés ou résidants dans la commune où s'est ouverte la tutelle, ou bien à moins de 2 myriamètres (20 kilomètres).

Le plus proche parent est préféré au plus éloigné, l'allié le plus proche au parent moins proche (exemple : l'oncle par alliance est préféré au cousin germain par le sang); le parent ou l'allié le plus âgé au plus jeune, qui est du même degré.

Le nombre de six parents ou alliés n'est pas absolu ; c'est un minimum : ainsi les frères germains (frères de père et de mère) et les maris des sœurs germaines, les veuves d'ascendants, en quelque nombre qu'ils soient, font tous partie du conseil de famille.

En cas d'insuffisance de parents domiciliés à moins de cinq lieues, le juge de paix peut appeler des parents plus éloignés, et même des amis du père et de la mère.

C'est le juge de paix qui convoque le conseil de famille ; il peut le faire d'office, ou sur la réquisition de toute personne qui y a intérêt ou qui prend intérêt au mineur.

Je vous ai donné à entendre que l'on peut quelquefois être dispensé d'accepter la charge d'une tutelle. Voici quelles sont les causes d'excuse que la loi admet : certaines fonctions publiques, la non-parenté avec l'enfant, l'âge de 65 ans au moment où commence la tutelle, l'âge de 70 ans dans le cours même d'une tutelle déjà exercée, les infirmités, etc. De plus, deux tutelles qu'on exerce encore, dispensent d'en accepter une troisième ; un tuteur, marié ou veuf, ayant lui-même des enfants, n'est pas tenu d'accepter une seconde tutelle ; ceux qui ont cinq enfants légitimes vivants sont complétement dispensés des tutelles autres que de leurs enfants.

Le tuteur jouit-il des droits de la puissance paternelle ? De tous, excepté deux : il a les droits d'éducation, de garde et d'administration des biens ; c'est même son devoir strict de les exercer, puisqu'il a été nommé pour cela.

Il n'a pas le droit de correction, qui n'appartient qu'à l'autorité judiciaire, après avis préalable du conseil de famille.

Il n'a pas le droit de jouir des biens du pupille ; le droit de jouissance légale n'appartient qu'au père et à la mère, qui peuvent en jouir, il est vrai, quand l'un d'eux est tuteur ou tutrice, mais seulement en leur qualité de père ou de mère.

Résumons les devoirs du tuteur : il doit prendre soin de la personne du mineur, administrer ses biens, et rendre compte de tout ce qu'il aura reçu et dépensé pour le compte du mineur.

Les comptes de tutelle sont rendus au pupille devenu majeur, et, pour protéger celui-ci contre la crainte d'une autorité si longtemps respectée, la loi lui donne dix ans de plus pour faire apurer ces comptes.

Le tuteur peut faire seul certains actes de pure administration, par exemple, passer des baux pour une durée de 9 ans au plus.

Il ne peut faire certains actes qu'avec l'avis du conseil de famille; exemples : accepter une succession (qui pourrait être onéreuse), ou la répudier (elle pourrait être meilleure qu'elle ne paraîtrait); de même pour une donation (qui pourrait être déshonorante).

D'autres actes exigent, non-seulement l'avis du conseil de famille, mais encore l'autorisation d'un tribunal, par exemple : les emprunts, les hypothèques, les ventes d'immeubles, les transactions destinées à mettre fin à un procès, etc.

D'autres actes, enfin, sont absolument interdits au tuteur; par exemple, il ne pourrait disposer à titre gratuit, autrement dit, faire cadeau d'une chose appartenant à son pupille.

Voilà, Messieurs, les principales notions à retenir sur la tutelle.

Je voudrais maintenant vous dire un mot de deux dispositions spéciales créées par la loi en faveur des déshérités de ce monde, ceux qui n'ont pas d'enfants, d'une part, et de l'autre, les petits êtres abandonnés par leurs parents, ou privés par la mort de cette protection naturelle. Ces deux dispositions spéciales sont l'adoption et la tutelle officieuse.

L'adoption, fort en usage chez les Anciens, n'a été admise dans les lois françaises que depuis 1792. C'est un contrat judiciaire qui, sans faire sortir l'adopté de sa famille, établit entre lui et l'adoptant des rapports purement civils de paternité et de filiation. Son but est de fournir une consolation à ceux qui n'ont pas d'enfants, ou qui, en ayant eu, les ont perdus et ne peuvent plus espérer d'en avoir d'autres.

Elle présentait un danger, celui de pousser au célibat, en offrant les joies de la paternité sans en avoir les charges. La loi y a paré, en retardant beaucoup le moment où l'adoption est permise, et en y attachant des conditions très-dures.

Il y a trois sortes d'adoptions : l'ordinaire, la privilégiée et la testamentaire.

Pour l'adoption *ordinaire*, la loi impose 6 conditions à l'adoptant et 3 à l'adopté.

Il faut pour l'adoptant :

1° Qu'il ait au moins 50 ans ;

2° Qu'il n'ait ni enfants ni descendants légitimes ;

3° Qu'il ait au moins 15 ans de plus que l'adopté ;

4° Qu'il ait donné des soins continus pendant 6 ans au moins à l'adopté, quand celui-ci était mineur;

5° Qu'il jouisse d'une bonne réputation ;

6° Qu'il obtienne le consentement de son conjoint, s'il est marié.

Il faut pour l'adopté :

1° Qu'il soit majeur ;

2° Qu'il ne soit pas déjà adopté par un autre, si ce n'est par l'époux de ce nouvel adoptant ;

3° Qu'il obtienne le consentement de ses père et mère (s'il les connaît et les possède encore) ; ceci jusqu'à 25 ans, âge après lequel il lui suffit de demander leur avis.

Pour l'adoption privilégiée ou *rémunératoire*, elle n'est possible que lorsque la vie de l'adoptant a été sauvée par l'adopté, par exemple, dans un danger réel et imminent, causé par un incendie, une inondation, etc. Cette circonstance rend inutile la 4ᵉ des conditions ci-dessus énumérées ; les autres subsistent, sauf que l'adoptant n'a pas besoin d'avoir 50 ans, et qu'il lui suffit d'être un peu plus âgé que l'adopté.

Quant à l'adoption *testamentaire*, elle ne peut avoir son effet qu'après la mort de l'adoptant, de qui l'on peut exiger tout au moins qu'il remplisse la 2ᵉ de nos conditions : n'avoir pas de descendants légitimes.

Les formes des deux premières sortes d'adoption sont les mêmes : il faut un contrat, dressé chez le juge de paix, homologué par un tribunal supérieur, et inscrit sur les registres de l'état civil (au registre courant des naissances, et en marge de l'acte de naissance de l'adopté).

Les effets de l'adoption sont les suivants : 1° un lien de parenté s'établit entre l'adoptant et l'adopté, mais pas entre leurs parents réciproques ; 2° l'adoptant transmet son nom à l'adopté qui l'ajoute au sien ; 3° la dette réciproque des aliments (dette spéciale dont je vous parlerai plus tard) existe entre l'adoptant et l'adopté ; 4° l'adopté succède à l'adoptant, comme s'il était enfant légitime, et réciproquement ; 5° enfin, l'adopté ne pourrait épouser la veuve de l'adoptant (sa quasi-mère), ni l'adoptant épouser la veuve de l'adopté (sa quasi-bru).

La **tutelle officieuse** est, le plus souvent, la préface de l'adoption : c'est, en tous cas, un acte de bienfaisance et une tutelle. Le tuteur officieux prend, en effet, l'engagement d'administrer gratuitement les intérêts d'un enfant mineur et de le mettre en état de gagner sa vie. On l'appelle *officieux*, parce qu'il s'offre volontairement, et qu'il est obligé, à l'inverse du tuteur ordinaire, de nourrir, vêtir, etc., son pupille qui ne possède aucun bien.

On demande, en général, au tuteur officieux de remplir les conditions imposées à l'adoptant, et, en outre, il doit offrir les mêmes garanties de capacité qu'un tuteur ordinaire.

Quant au pupille, il faut qu'il ait moins de 15 ans (c'est une garantie pour les bonnes mœurs), et qu'à défaut de père et de mère, l'administrateur de l'hospice qui l'a recueilli, ou le maire de sa résidence, donne son consentement à cette tutelle.

Le tuteur officieux acquiert, dès lors, sur son pupille les principaux droits compris dans la puissance paternelle ; et c'est justice, puisque le plus souvent, je vous le répète, le tuteur officieux n'est qu'un futur père adoptif.

Vous voyez, Messieurs, ce que la loi a fait pour protéger l'enfant qui a une famille, et même celui qui n'en a pas. Nous allons voir, dans la prochaine leçon, consacrée à l'apprentissage, comment elle le surveille dans son éducation professionnelle.

VIIe LEÇON

APPRENTISSAGE. — TRAVAIL DES ENFANTS
DANS LES MANUFACTURES.

Messieurs, nous avons étudié dans nos dernières leçons les rapports de famille, et j'entends par ce mot, non-seulement la famille proprement dite, celle qui est formée par les liens du sang, mais aussi cette quasi-famille qui est formée par des liens purement civils, tels que les créent nos lois sur la tutelle, l'adoption et la tutelle officieuse.

Il nous reste à voir quels rapports s'établissent entre l'enfant et ceux que son père, sa mère ou son tuteur ont chargés de faire son éducation.

Les inégalités sociales, qui sont le résultat obligé des conditions de la vie dans les sociétés modernes, et qui sont même indispensables à leur développement, en tant qu'elles n'atteignent pas l'égalité civile ou politique, conquises en 1789 et en 1848, les inégalités sociales établissent une différence très-marquée entre les divers genres d'éducation que peut recevoir un enfant. Est-il riche, ou simplement aisé ? Trouve-t-il dans son berceau tout ce qui peut le faire vivre sans qu'il soit obligé de recourir au travail manuel ? Il n'en devra pas moins obéir, sous peine de déchéance morale, à la grande loi du travail ; mais le travail qu'il accomplira exige des connaissances multiples, et c'est par une instruction plus ou moins approfondie qu'il s'y préparera. Il ira donc au collége, en pension, ou bien il recevra cette instruction au domicile de ses père et mère, et plus tard, il trouvera encore des écoles supérieures pour augmenter le bagage de ses connaissances, soit en droit, soit en médecine, soit en littérature, soit en sciences physiques, naturelles ou mathématiques, soit enfin, en art militaire, naval, etc.

Si, au contraire, l'enfant appartient à la classe la plus nombreuse de ceux qui attendent leur existence de leur travail manuel, de ceux qui fabriquent ou préparent tous les objets nécessaires à l'alimentation, à l'habillement, à l'ameublement, au logement, au luxe même des autres hommes, il sera nécessaire que cet enfant reçoive ce qu'on peut appeler une éducation professionnelle, c'est-à-dire qu'il apprenne le métier dont il vivra, en d'autres termes, qu'il fasse son **apprentissage.**

Eh bien, Messieurs, c'est de cette seconde éducation que je veux vous parler aujourd'hui, c'est des conditions mises par la loi à l'apprentissage.

La loi s'en est occupée, parce que la société y a un grand intérêt.

En effet, chaque atelier est une véritable école où l'apprenti reçoit, non-seulement l'éducation professionnelle, mais en grande partie l'éducation morale qui doit influer sur le reste de sa vie.

On peut dire que la maison du maître remplace pour lui celle du père de famille. Dès lors, la société n'a-t-elle pas le plus grand intérêt à ce que le père de famille ne puisse envoyer son enfant en apprentissage chez un homme indigne,

immoral ou déshonnête ? Évidemment. La société fait inspecter les écoles, publiques ou libres, qui réunissent un
grand nombre d'enfants, précisément dans le but d'éviter
que ces rassemblements d'enfants ne deviennent l'occasion
d'une éducation vicieuse ou immorale; elle ne pouvait faire
inspecter aussi fréquemment, aussi utilement peut-être, ce
qu'on peut appeler les écoles pratiques de l'industrie; celles-
ci sont innombrables, précisément parce qu'elles ne reçoivent, chacune, qu'un petit nombre d'apprentis, et le plus
souvent un seul. La loi a tourné la difficulté, en imposant
certaines conditions à l'apprentissage, en demandant certaines garanties.

Ces garanties, on les demandait déjà avant 1789. Mais
les édits royaux qui traitaient ces questions d'apprentissage,
se ressentaient du décousu qui existait en toutes choses
avant la Révolution qui a fait l'unité française. Ils se ressentaient surtout des priviléges qui florissaient dans toutes les
parties de la société et qui étaient si contraires à l'égalité
civile, définitivement établie aujourd'hui, et à la liberté,
sans laquelle rien ne prospère, l'industrie encore moins que
le reste.

Je veux vous donner une idée de ce qu'était cette législation.

Elle favorisait le monopole industriel qu'exerçaient les
corporations d'arts et de métiers, et elle restreignait la
concurrence dans les plus étroites limites.

Dès le temps de saint Louis, le nombre des apprentis que
pouvait recevoir un maître était fixé pour chaque profession.

On avait déterminé l'âge auquel un enfant pouvait entrer
en apprentissage, et le temps qu'il y devait rester, soit pour
se perfectionner dans la pratique de son métier, soit pour
s'acquitter envers son maître.

Il y avait dans chaque corporation des *jurats* ou *syndics* qui exerçaient une sorte de tutelle sur l'enfant en apprentissage, qui visitaient les ateliers, s'informaient de la conduite de l'apprenti, surveillaient aussi celle du maître, et, en un mot, étaient armés d'une autorité suffisante pour réprimer les abus.

L'apprenti devait être véritablement initié à tous les mystères de la profession, et en outre, convenablement logé, habillé et élevé.

Tout cela était très-bien. Aussi, en 1789, au début de la Révolution, avant qu'on en eût tiré toutes les conséquences, se bornait-on à demander de reproduire dans une loi générale les principales dispositions des édits royaux ; mais on demandait aussi la suppression des corporations et des autres coutumes gênantes de la législation d'alors sur l'industrie.

Et l'on avait bien raison, Messieurs ! C'est qu'en effet, un apprenti qui avait fait convenablement son éducation, pouvait devenir ouvrier ou compagnon, mais patron, presque jamais ! La corporation comprenait un nombre fixé de maîtres, ainsi nommés parce qu'ils avaient, comme on disait, obtenu la *maîtrise*, et ne devenait pas maître qui voulait. Il fallait d'abord qu'il y eût une vacance, ensuite que l'ouvrier fît le *chef-d'œuvre*, qui était soumis à l'appréciation du syndicat, et enfin, il faut ajouter que le fils d'un maître avait toujours le privilége d'être préféré à un compagnon, si habile que fût celui-ci.

Un décret de 1791 a rétabli toutes ces choses à leur vraie place.

Il a substitué le régime de la liberté absolue au régime des communautés, des corporations. C'est à cette innovation heureuse que nous devons le développement de notre commerce et de notre industrie, et, ce qui en est la conséquence, l'accroissement de nos richesses.

C'est qu'en effet la liberté fortifie les âmes, tient l'intelligence en éveil, et produit les perfectionnements qu'on n'a pas besoin de rechercher, quand on n'a pas de concurrents à craindre, quand le chaland est forcé d'acheter tout ce qu'il lui faut dans les mêmes maisons, faute de maisons rivales.

Tels ont été les bienfaits de la liberté. Mais la liberté peut quelquefois dégénérer en licence, et alors, Messieurs, les dangers de cette liberté (qui n'est plus alors la liberté) sont aussi grands et aussi nombreux qu'étaient ses avantages. La liberté des uns s'arrête en effet, je vous l'ai déjà dit, là où commence la violation de la liberté des autres.

Cette liberté absolue, décrétée en 1791, engendra quelques abus, principalement en ce qui concernait l'apprentissage; et, en atteignant l'apprenti, le mal toucha bientôt l'ouvrier, et par lui l'industrie elle-même.

En l'an XI (1803), douze ans après le décret qui avait aboli les anciens priviléges et établi la liberté sans limites, il fallut réglementer un peu l'apprentissage.

On fut assez timide, trop timide même, puisqu'en fin de compte on a dû légiférer de nouveau sur la matière en 1851.

Il est vrai qu'entre 1803 et 1851, la question avait été très-bien préparée par la sagesse qu'avaient mise les Conseils de prud'hommes à compléter, au moyen d'une jurisprudence bien entendue, la loi incomplète de 1803.

Mais, Messieurs, la loi écrite vaudra toujours mieux que les traditions, même les meilleures, et d'ailleurs, il n'y a pas de Conseils de prud'hommes partout, et le juge de paix, qui juge, à leur défaut, les causes relatives à l'apprentissage, pouvait être embarrassé pour réprimer certains abus dans une matière qui ne lui était pas familière.

C'est de cette nécessité qu'est née la loi du 22 février 1851, qui règle encore le contrat d'apprentissage, sauf en quelques points modifiés par une loi récente, celle du 19 mai 1874, sur le travail des enfants dans les manufactures; nous allons analyser brièvement la loi de 1851.

Je viens d'employer un mot qui appellerait peut-être une explication, le mot *contrat*. Mais cette explication, qui trouvera sa place naturelle dans une leçon spéciale que je compte vous faire sur les contrats, constituerait ici une trop longue digression. Qu'il me suffise donc de vous dire aujourd'hui que le contrat d'apprentissage est un contrat bilatéral, c'est-à-dire un contrat où les deux parties s'obligent l'une envers l'autre, et que, comme la généralité des contrats, il est purement consensuel, ce qui signifie qu'il n'est pas soumis à des formes solennelles, et qu'il est parfait par le seul consentement des parties qui s'obligent, abstraction faite de tout écrit, pourvu qu'on y trouve les trois autres conditions exigées pour la validité des contrats, savoir : la capacité des contractants, un objet certain qui fasse la matière de l'engagement, et une cause licite (soit une cause non contraire aux lois, aux bonnes mœurs et à l'ordre public).

La loi que nous étudions définit d'abord la nature du contrat d'apprentissage. C'est, dit-elle, le contrat par lequel un fabricant, un chef d'atelier ou un ouvrier s'oblige à enseigner la pratique de sa profession à une autre personne, qui s'oblige, en retour, à travailler pour lui; le tout à des conditions et pendant un temps convenus.

- La forme du contrat d'apprentissage importe peu, je viens de vous dire qu'il est parfait par le seul consentement des parties. Il peut donc être fait verbalement; mais la preuve des contrats purement verbaux est extrêmement difficile à faire, et c'est surtout en cette matière qu'on peut dire : *verba volant, scripta manent* (les paroles s'envolent, les écrits restent). Aussi est-il préférable d'employer la forme écrite, d'autant plus que la loi a pris soin d'atténuer les frais d'actes : ainsi, le contrat d'apprentissage peut être fait par acte public ou par acte sous seing privé ; l'acte public peut être reçu, non-seulement par les notaires, à qui d'ordinaire ils sont réservés, mais par les secrétaires des Conseils de prud'hommes et par les greffiers de justice de paix ; il est soumis, pour l'enregistrement, à un droit fixe d'un franc seulement ; enfin, les honoraires dus aux officiers publics, chargés de sa rédaction, sont fixés à deux francs.

L'acte d'apprentissage doit contenir :

1° Les nom, prénoms, âge, profession et domicile du maître ;

2° Les nom, prénoms, âge et domicile de l'apprenti ;

3° Les noms, prénoms, professions et domiciles de ses père et mère, de son tuteur ou de la personne autorisée par les parents, et à leur défaut, par le juge de paix ;

4° La date et la durée du contrat ;

5° Les conditions de logement, de nourriture, de prix, et toutes autres conditions arrêtées entre les parties.

Ce contrat devra être signé par le maître et par les représentants de l'apprenti.

Aucune de ces prescriptions, Messieurs, ne réclame d'explication spéciale, si ce n'est celle qui a trait à *la personne autorisée par les parents, et, à leur défaut, par le juge de paix*, qui peut intervenir dans le contrat, au nom et dans l'intérêt de l'apprenti.

Il s'agit là surtout, Messieurs, de certaines sociétés de bienfaisance, composées d'hommes qui ont pris pour but particulier de leur philanthropie le patronage des enfants dont les parents ne peuvent s'occuper utilement. Ce sont des intermédiaires bénévoles, mais remarquez bien qu'ils

7.

doivent être acceptés par la famille, sinon, que deviendrait la puissance paternelle? Oh ! si cette puissance n'existe plus, soit par l'indignité des parents, soit par leur mort, et par celle de tous ceux qui pourraient être chargés de la tutelle, il n'y a pas évidemment à s'occuper du consentement de la famille; mais alors il faut celui du juge de paix, qui repré‑ sente la société tout entière.

Après avoir réglé la nature et la forme du contrat d'apprentissage, la loi traite de ses conditions générales.

Elle défend à celui qui n'a pas 21 ans, de recevoir des apprentis mineurs; cela se comprend : celui qui est réputé ne savoir se diriger lui-même, ne peut être chargé de diriger les autres.

Mais elle ne limite pas le nombre des apprentis :

Il était dangereux de limiter ce nombre, puisqu'il dépend de la capacité du maître et de l'importance de ses ateliers. D'ailleurs, c'eût été arrêter l'essor de l'industrie : plus il se fera d'apprentis dans un métier, plus il y aura de chances de voir ce métier produire davantage, et le nombre des patrons s'augmenter en conséquence.

Aucun maître, s'il est célibataire ou en état de veuvage, ne peut loger, comme apprenties, des jeunes filles mineures; remarquez qu'il ne lui est pas défendu d'avoir dans son atelier de telles apprenties : ce qui lui est interdit, c'est de leur donner le logement dans sa maison; vous en comprenez suffisamment la raison.

J'ajoute que la loi est incomplète, en ce sens qu'elle eût dû logiquement opposer la même défense au maître marié, mais séparé de sa femme, soit de fait, soit en vertu d'un jugement.

Certaines personnes sont incapables de recevoir des apprentis à cause de leur indignité; ce sont les individus qui ont subi une condamnation quelconque pour un crime, ou pour un attentat aux mœurs; et ceux qui ont été condamnés à un emprisonnement de plus de trois mois pour certains délits, tels que le vol non qualifié, la banqueroute, l'escroquerie, l'abus de confiance, la tromperie sur la qualité ou la quantité de la marchandise vendue, etc.

La loi de 1803 ne réglait pas ce point; au cas d'ignorance de l'indignité du patron, les parents pouvaient invoquer l'article 1110 du Code civil qui permet de faire annuler un contrat pour cause d'erreur sur la personne, lorsque le contrat se fait principalement en vue de la personne; ce qui est bien le cas de tout contrat d'apprentissage.

L'article 1110 n'est pas devenu inutile; c'est une arme dont on peut toujours se servir, mais il n'était pas superflu, dans une loi spéciale sur l'apprentissage, d'écarter catégoriquement les repris de justice.

La loi française n'est pas une loi draconnienne, Messieurs, elle ne veut pas la perte du coupable qui fournit des preuves de son repentir; aussi a-t-elle donné le droit à certaines autorités de relever les repris de justice de cette incapacité, et de leur permettre d'avoir les apprentis nécessaires à leur industrie.

Nous arrivons aux devoirs des maîtres et à ceux des apprentis.

Le maître doit se conduire envers l'apprenti *en bon père de famille :* ce mot, Messieurs, résume toute l'énumération, qui va suivre, des devoirs du maître, et on peut dire qu'il a pour but de suppléer à ce qui aurait pu être oublié dans cette énumération. Le maître est tenu d'autant plus strictement à ces devoirs qu'il est étranger à l'enfant, et ne peut avoir pour lui toute l'affection d'un père; mais, cette affection mise à part, il doit se conduire envers l'apprenti comme ferait un père soucieux de la moralité et de l'avenir de son enfant : c'est ce que la loi a voulu dire. Elle s'exprime ainsi : Le maître doit surveiller la conduite et les mœurs de l'apprenti, soit dans la maison, soit au dehors, et avertir ses parents ou leurs représentants des fautes graves qu'il pourrait commettre ou des penchants vicieux qu'il pourrait manifester.

Il doit aussi les prévenir, sans retard, en cas de maladie, d'absence ou de tout autre fait de nature à motiver leur intervention.

Il ne doit employer l'apprenti, sauf conventions contraires, qu'aux travaux et services qui se rattachent à l'exercice de sa profession (ainsi il lui est interdit, s'il n'en a été convenu autrement avec les parents, d'employer l'apprenti aux travaux de domesticité et de service personnel). Enfin il ne doit jamais l'employer aux travaux insalubres ou à ceux qui seraient au-dessus de ses forces.

La loi s'occupe ensuite de la durée du travail dans les jours ouvrables, et de l'interdiction du travail des dimanches et fêtes; je reviendrai sur ces questions, à la fin de cette leçon, en vous parlant de la loi sur le travail des enfants dans les manufactures.

Si l'apprenti, âgé de moins de 16 ans, ne sait pas lire, écrire et compter, ou s'il n'a pas encore terminé sa première éducation religieuse, le maître est tenu de lui laisser prendre, sur la journée de travail, le temps et la liberté nécessaires pour son instruction. Néanmoins, ce temps ne peut excéder deux heures par jour. C'est peu, assurément, mais c'est assez, quand le temps est bien employé.

Voilà, Messieurs, quels sont les devoirs du maître; voyons maintenant les devoirs de l'apprenti.

L'apprenti doit à son maître fidélité, obéissance et respect; il doit l'aider, par son travail, dans la mesure de son aptitude et de ses forces.

Il est tenu de remplacer, à la fin de l'apprentissage, le temps qu'il n'a pu employer par suite de maladie ou d'absence ayant duré plus de 15 jours.

Vous souvenez-vous, Messieurs, de ce que je vous disais dans ma première leçon, au sujet des rapports étroits qui existent entre les droits et les devoirs, les uns engendrant forcément les autres? Eh bien! voilà des devoirs de l'apprenti envers le maître : quels droits lui sont créés par ces devoirs? d'abord, ceux qui résultent des devoirs particuliers du maître envers l'apprenti, tels que ceux que je vous ai énumérés, il n'y a qu'un instant; ensuite, les suivants : l'apprenti a le droit d'exiger que le maître lui enseigne, *progressivement et complétement* (faites attention à ces deux adverbes, qui ont ici une grande valeur), l'art, le métier ou la profession spéciale qui fait l'objet du contrat; il a aussi le droit de demander, à la fin de son apprentissage, un congé d'acquit, sorte de certificat constatant l'exécution du contrat.

La loi spéciale que nous étudions a dû réprimer formellement un abus qui était fréquent autrefois, dans les grandes villes surtout. Quand un apprenti avait terminé la partie de son apprentissage qui peut être considérée comme onéreuse pour le maître, au moment où son travail allait devenir rémunératoire pour ce dernier, il arrivait souvent qu'un rival, un industriel exerçant le même métier, détournait l'apprenti de chez son maître, et le prenait chez lui-même, en qualité d'apprenti ou d'ouvrier. Les prud'hommes étaient impuissants à réprimer cet abus : l'apprenti était condamné, mais il était le plus souvent insolvable; quant au véritable coupable, le second maître, il déclinait la compétence des juges. La loi de 1851 y a pourvu :

elle déclare solidaires de l'apprenti tous ceux qui seraient convaincus de l'avoir détourné de ses devoirs envers son maître; si l'apprenti est insolvable, c'est à eux que le maître, lésé dans ses intérêts, peut s'adresser pour faire solder le montant des dommages auxquels a été condamné l'apprenti; de plus, il est formellement stipulé que les prud'hommes sont chargés de juger ces sortes de contestations (à leur défaut, les juges de paix).

Messieurs, l'œuvre des hommes ne saurait jamais être parfaite; aussi a-t-on admis que tous les contrats (sauf pour le mariage) sont soumis, en certains cas, à ce qu'on a appelé leur *résolution*. Ce qui veut dire que, si certains faits prévus d'avance viennent à se réaliser, ou si certaines conditions stipulées ne sont pas remplies par les contractants ou par l'un d'eux, le contrat peut être rompu par la volonté des parties ou par une décision de la justice.

En une matière aussi délicate que celle de l'éducation professionnelle et morale de l'enfance, les causes de résolution du contrat devaient être largement prévues. Les voici, telles que la loi les énumère :

Les deux premiers mois de l'apprentissage sont considérés comme un temps d'essai pendant lequel le contrat peut être annulé par la seule volonté de l'une des parties; dans ce cas, aucune indemnité ne sera allouée à l'une ou à l'autre partie, à moins de conventions expresses.

Le contrat d'apprentissage sera résolu de plein droit : 1° par la mort du maître ou de l'apprenti; 2° si l'apprenti ou le maître est appelé au service militaire; 3° si le maître ou l'apprenti vient à être frappé de l'une des condamnations dont je vous ai parlé, et qui empêchent un industriel d'avoir un apprenti, à cause de son indignité personnelle.

Enfin, pour les filles mineures, le contrat sera également

résolu de plein droit, dans le cas de décès de l'épouse du maître ou de toute autre femme de la famille qui dirigeait la maison à l'époque du contrat. Ajoutez, je vous prie, le cas que je vous ai déjà signalé, celui de la séparation judiciaire ou volontaire du maître et de sa femme.

Le contrat peut être résolu sur la demande des parties ou de l'une d'elles : 1° dans le cas où l'une des parties manquerait aux stipulations du contrat ; 2° pour cause d'infraction grave ou habituelle aux prescriptions de la présente loi ; 3° dans le cas d'inconduite habituelle de la part de l'apprenti ; 4° si le maître transporte sa résidence dans une autre commune que celle qu'il habitait lors de la convention : néanmoins, la demande en résolution de contrat, fondée sur ce motif, ne sera recevable que pendant trois mois, à compter du jour ou le maître aura changé de résidence (on présume avec raison qu'une réclamation, produite plus de trois mois après ce changement de résidence, n'est pas sérieuse et qu'elle cache un autre motif, inavouable) ; 5° si le maître ou l'apprenti encourait une condamnation emportant un emprisonnement de plus d'un mois ; 6° dans le cas où l'apprenti viendrait à contracter mariage.

Remarquez la différence qu'il y a entre les termes dont la loi se sert ; elle dit, en tête de la première énumération, que le contrat sera résolu de plein droit, et en tête de la seconde, qu'il pourra être résolu sur la demande des parties ou de l'une d'elles ; cela veut dire que dans le premier cas, le juge ne pourra faire autre chose que de constater la vérité du fait allégué et de prononcer la nullité du contrat ; tandis que dans le second, tout en constatant les faits invoqués, il pourra se refuser à prononcer l'annulation du contrat.

Enfin, Messieurs, si le temps convenu pour la durée de

l'apprentissage dépasse le maximum de la durée consacrée par les usages locaux, ce temps peut être réduit ou le contrat résolu ; ce qui vous prouve une fois de plus que la loi ne permet jamais que les faibles soient exploités par les forts.

Lorsqu'il s'élève des contestations au sujet d'un contrat d'apprentissage, elles sont jugées, je vous l'ai déjà dit, par les prud'hommes, et, quand il n'y a pas de prud'hommes dans une localité ou une circonscription, par les juges de paix. J'aurai l'occasion de vous parler plus tard de ces deux sortes de juridictions. Je me bornerai à vous dire aujourd'hui que, lorsque l'importance du litige le comporte, les décisions rendues par les prud'hommes ou les juges de paix sont susceptibles d'appel : cet appel est porté, pour les prud'hommes, devant le tribunal de commerce, et pour les juges de paix, devant le tribunal civil de l'arrondissement.

Quant aux contraventions aux articles de la loi qui défendent à certains individus d'avoir ou de recevoir des apprentis, elles sont jugées par un tribunal de répression, qu'on appelle le tribunal de simple police. Les peines sont : l'amende qui varie entre 5 et 15 francs, et, en cas de récidive, c'est-à-dire en cas de renouvellement de la même infraction à la loi, l'emprisonnement de un à cinq jours.

Ceci n'est pas applicable à ceux qui sont absolument incapables d'avoir des apprentis, à cause de leur indignité ; en cas de récidive, ils peuvent être condamnés à une amende de 50 à 300 francs et à un emprisonnement de quinze jours à trois mois, et ces peines sont prononcées, non plus par le tribunal de simple police, mais par les tribunaux correctionnels.

Dans l'application de toutes ces pénalités, les tribunaux peuvent, s'ils rencontrent dans la cause des circonstances atténuantes, appliquer un article bien connu du Code pénal (l'article 463) et abaisser la peine d'un ou de plusieurs degrés.

J'ai à vous parler maintenant, Messieurs, d'une loi assez récente, la loi du 19 mai 1874 sur le travail des enfants et des filles mineures employées dans l'industrie.

Cette loi remplace une loi du 22 mars 1841, qui était restée presque à l'état de lettre morte; elle détermine les conditions sous lesquelles les enfants et les filles mineures peuvent être employées à un travail industriel. Quelques-unes de ces conditions sont applicables aux enfants placés en apprentissage; je vais les examiner rapidement.

Il y a d'abord les conditions d'âge. La loi de 1851 n'avait pas indiqué l'âge minimum de l'apprenti. En l'absence d'une loi rendant l'instruction primaire obligatoire, on avait considéré qu'en prohibant l'entrée d'un enfant de moins de 12 ans dans un atelier, on risquait de le laisser croupir dans l'ignorance et le vagabondage, si les parents n'avaient pas les moyens de l'élever dans leur maison jusqu'à cet âge, en même temps que la fermeté nécessaire pour le bien tenir.

Bien que l'instruction ne soit pas encore légalement obligatoire, les législateurs de 1874 ont considéré que les écoles ne font pas défaut, et pour assurer indirectement la fréquentation de ces écoles par tous les enfants, ils ont interdit l'emploi dans les ateliers des enfants âgés de moins de 12 ans.

Par exception, les enfants de 10 ans révolus peuvent être employés dans certaines industries spécialement déterminées par un règlement d'administration publique rendu sur la proposition d'une commission supérieure : encore faut-il dire que la loi prend soin, dans ce cas, d'assurer, à l'atelier même, l'instruction primaire de l'enfant.

La durée du travail est réglée ainsi qu'il suit :

Les enfants jusqu'à l'âge de 12 ans révolus ne peuvent être assujettis à une durée de travail de plus de six heures par jour, divisées par un repos. A partir de 12 ans, ils ne peuvent être employés plus de 12 heures par jour, divisées par un repos également.

Les enfants ne peuvent être employés à aucun travail de nuit jusqu'à l'âge de 16 ans révolus. Est considéré comme travail de nuit tout travail entre 9 heures du soir et 5 heures du matin.

La même interdiction est appliquée à l'emploi des filles mineures, de 16 à 21 ans, mais seulement dans les usines et manufactures. Il en résulte que le travail de nuit est toléré pour ces jeunes filles dans les ateliers de couture, lingerie, modes, etc. Il peut, par exception, être autorisé momentanément dans les usines et manufactures, mais jamais pour des enfants qui n'auraient pas 12 ans accomplis.

Les garçons âgés de moins de 16 ans et les filles âgées de moins de 21 ans ne peuvent être employés à aucun travail par leurs patrons, les dimanches et fêtes reconnues par la loi, *même pour rangement de l'atelier* (la loi de 1851 permettait le travail des dimanches et fêtes pour cette cause spéciale, jusqu'à 10 heures du matin). On appelle, Messieurs, *fêtes reconnues ou légales*, les quatre fêtes chrétiennes qui tombent à un autre jour que le dimanche et pour lesquelles seules le concordat (traité passé en 1802 entre la France et le Pape) a admis le chômage ; ces quatre fêtes sont : la Noël, la Toussaint, l'Ascension et l'Assomption.

Je ne m'étendrai pas plus longtemps, Messieurs, sur cette loi, qui soumet les usines, manufactures et ateliers de toutes sortes à une inspection minutieuse, toute dans l'intérêt des enfants qui s'y trouvent, et qui rend les contrevenants à ses dispositions, justiciables de la police correctionnelle et punissables d'amendes assez fortes : en ce point encore, la loi de 1851 sur l'apprentissage s'est trouvée modifiée ; mais pour tout le reste elle demeure en vigueur.

La législation protectrice de l'enfance s'est, Messieurs, heureusement accrue par le vote de la loi sur le travail des enfants et filles mineures employés dans l'industrie. Vienne la loi espérée sur l'instruction primaire obligatoire, et cette législation sera complète ! Plus d'une disposition deviendra alors inutile dans la loi sur le recrutement de l'armée, que le moment est venu d'étudier et que nous aborderons avec quelques détails dans les leçons qui suivront celle-ci.

VIIIe LEÇON

RECRUTEMENT DE L'ARMÉE. — HISTORIQUE.

Messieurs, nous avons jusqu'à présent suivi l'homme dans ses rapports légaux avec la société depuis sa naissance jusqu'à sa majorité ; en dernier lieu, nous avons étudié la loi sur l'apprentissage. Nous nous trouvons dès lors en présence d'un homme fait, capable de contracter mariage et de gérer ses propres affaires.

Mais, à cet âge précisément, l'homme se trouve en face d'un nouveau devoir, celui de défendre sa patrie. Nous allons donc placer ici l'étude de la loi sur le **recrutement de l'armée.**

Messieurs, avant d'aborder cette étude dans ses détails, je désirerais vous donner d'abord, conformément à la méthode que j'ai suivie dans presque toutes les questions et que je crois bonne, vous donner, dis-je, une idée exacte de ce qu'a été l'armée de la France depuis notre origine jusqu'à nos jours.

Je crois que cet historique, qui sera d'ailleurs assez court, vous intéressera. Il me permettra en même temps, non-seulement de préparer votre esprit à une conception plus rapide de la loi actuelle, mais encore de réagir contre une tendance fâcheuse de quelques écrivains modernes, qui, poussant à l'extrême les conséquences de leur attachement aux idées démocratiques, en sont arrivés à substituer l'amour de l'humanité tout entière à l'amour de la patrie, le cosmopolitisme au patriotisme, et ont dès lors conclu que les peuples libres ne doivent pas avoir d'armée permanente.

J'espère vous démontrer par notre propre histoire et un peu par celle de nos voisins, que c'est là une dangereuse erreur, et que, si l'on dégage de l'histoire les faits généraux, on sera frappé de cette vérité, que les peuples se font la guerre avec des armées d'autant plus nombreuses et d'autant mieux organisées, qu'ils ont, à un degré plus élevé, conscience de leurs droits.

Vous savez, Messieurs, quelles sont nos origines. Les tribus qui peuplaient la Gaule, du Rhin aux Pyrénées, et des Alpes à la mer du Nord, avaient été soumises par César au peuple Romain, à la faveur de leurs querelles intestines. De cette conquête sortit un peuple civilisé, le peuple Gallo-Romain, qui pendant cinq siècles jouit de la liberté communale la plus complète, et, réuni en légions, défendit le mieux qu'il put ses villes et leurs banlieues contre les incursions des Barbares, venus des pays au delà du Rhin et connus sous le nom générique de Germains.

Mais l'empire Romain, trop étendu pour être toujours invincible, et tombé aux mains des empereurs qui ont fait donner à leur règne le nom de Bas Empire, fut forcé sur toutes ses frontières à la fois dans le cinquième siècle de l'ère chrétienne. La Gaule particulièrement fut ravagée et occupée militairement par plusieurs tribus germaniques,

8.

dont les principales étaient: les Burgondes qui s'établirent
le long de la Saône et du Rhône et donnèrent leur nom à
la Bourgogne ; les Wisigoths qui s'établirent au midi de la
Loire ; les Francs, ou hommes libres, hommes féroces (on
donne ces deux sens à leur nom), qui sous la désignation
de Francs ripuaires s'établirent entre la Moselle et le Rhin,
et sous celle de Francs saliens occupèrent les rives de
l'Escaut.

Ce sont ces derniers, les Francs saliens, qui, moins d'un
siècle après leur entrée en Gaule, et grâce au génie et, il
faut le dire aussi, aux crimes de leur principal chef,
Clovis, subjuguèrent les autres tribus et se rendirent maîtres
de tout le territoire gaulois.

Pendant ce temps, Messieurs, que devenaient les pauvres
Gallo-Romains, le peuple envahi et vaincu par la multitude
de ces hordes barbares? Il fut réduit à l'état le plus misé-
rable. Les vainqueurs se partagèrent les vaincus et leurs
terres ; le Franc devint le seul maître de portions plus ou
moins vastes du territoire, et le Gallo-Romain devint son
esclave, sa chose, sous les noms divers de colon, de demi-
serf et de serf. Il fut possédé à titre de meuble, vendu,
échangé, transporté d'un lieu à un autre comme toutes les
choses mobilières.

Ce n'est qu'au dixième siècle que s'adoucit la condition
des serfs ; c'est aussi dans ce siècle, où vint aboutir tout le
travail social des quatre siècles écoulés depuis l'achève-
ment de la conquête franke, que se termina par une grande
révolution la lutte intestine des mœurs romaines et des
mœurs germaniques. Celles-ci l'emportèrent alors, et de
leur victoire sortit le régime féodal, c'est-à-dire une nouvelle forme de l'Etat, une nouvelle constitution de la
propriété et de la famille, le morcellement de la souve-

raineté et de la juridiction, tous les pouvoirs publics transformés en priviléges domaniaux, l'idée de noblesse attachée à l'exercice des armes, et celle d'ignobilité à l'industrie et au travail (j'emprunte cette définition à l'illustre Augustin Thierry).

C'est par excellence le siècle de la chevalerie, et l'établissement de ce regime coïncide avec la fusion des nationalités gallo-romaines et barbares, avec la première apparition de la nationalité *française*.

Voici quelle était, au point de vue militaire, qui d'ailleurs dominait tous les autres points de vue, l'organisation de la féodalité.

Au sein de l'Etat, des Etats multiples, appelés seigneuries ; le roi, qui était le premier des seigneurs et qui avait une seigneurie propre (l'Ile de France, soit Paris et la valeur de trois ou quatre de nos départements actuels), n'ayant le plus souvent qu'un pouvoir nominal sur les autres seigneurs, ses vassaux ou hommes-liges ; ceux-ci, ducs ou comtes, ayant des vassaux à leur tour, lesquels s'appelaient vicomtes ou barons ; et enfin ces derniers ayant pour vassaux les habitants des campagnes et des villes qui leur étaient soumises.

La guerre se faisait journellement entre les barons d'un même comté, entre les comtes ou ducs qui se partageaient la France, et même entre quelques-uns de ceux-ci et le roi. Celui qui était attaqué appelait, d'une part, à son secours son seigneur suzerain, et d'autre part, convoquait ses vassaux, et, en descendant cette échelle, du roi au bourgeois ou au paysan, on voit que chacun, selon son rang ou sa puissance territoriale, était tenu de fournir un certain nombre de chevaliers ou hommes d'armes accompagnés de leur écuyer et de leur page. Les barons seulement prenaient part aux combats; quant aux bourgeois et paysans, ils formaient à la suite de l'armée une troupe de valets, inutiles, gênants même, et, en un tel état de dégradation sociale, peu honorables, donc peu honorés.

Si un tel régime, qui avait pour type la servitude domaniale, avait pu subsister, c'en eût été fait, Messieurs. de . notre pays. Mais ce régime était né dans les campagnes sous l'influence des mœurs germaniques, et il rencontra dans les villes, où se continuait obscurément la tradition des mœurs romaines, une répugnance invincible et une force qui plus tard, réagissant d'elle-même, éclata en révolutions.

Ces révolutions, qui prennent place du onzième au douzième siècles, eurent pour but la revendication des libertés communales, telles qu'elles existaient au temps de la domination romaine.

L'affranchissement des communes fut encouragé, dans la plupart des occasions, par l'autorité royale, qui voyait avec satisfaction dans ces révolutions un moyen de diminuer la puissance des hauts barons et d'accroître la sienne propre, en faisant de la commune affranchie une vassale directe du roi. Cette révolution, commencée dans les villes anciennes, depuis longtemps fortifiées, s'étendit aux nombreux bourgs construits et armés dans les mêmes temps pour s'opposer aux incursions des Normands, ces Barbares du Nord qui avaient commencé par désoler les côtes du royaume dès le temps de Charlemagne, qui avaient occupé, un siècle plus tard, la province appelée encore de leur nom Normandie, et qui, en attendant qu'ils fissent la conquête de l'Angleterre, ne cessaient d'attaquer à main armée les provinces voisines.

La révolution communale ne s'était pas faite sans guerre:

dans toutes ces villes, dans tous ces bourgs, les bourgeois
et même les paysans avaient combattu, les armes à la
main, contre les chevaliers féodaux, et ils avaient eu quelquefois, même sans le secours des hommes d'armes du roi,
des succès signalés.

Ç'a été là, Messieurs, le point de départ d'une modification
mémorable qui s'est faite au quinzième siècle dans l'organisation des armées françaises.

Entre les douzième et quinzième siècles, c'est-à-dire entre
l'affranchissement des communes et la modification mémorable dont je parlais tout à l'heure, se placent deux grands
faits : les Croisades et les guerres contre les Anglais.

Les Croisés n'étaient pas seulement des hommes d'armes,
ils se recrutaient dans toutes les classes de la population.
Mais il faut dire que ceux d'entre eux qui se battaient
contre les Turcs, faisaient partie de l'armée féodale. Les
autres, pour la plupart gens sans aveu, furent d'un faible
secours. Ils n'obéissaient pas, en effet, Messieurs, à un
sentiment généreux comme les bourgeois qui défendaient
leur ville. Le sentiment religieux n'animait qu'un nombre
assez restreint des croisés, à quelque classe qu'ils appar-
tinssent (sauf peut-être à la première croisade). Un grand
nombre des seigneurs et presque tous les *vilains* qui pri-
rent part à ces expéditions, n'étaient mûs que par l'esprit
d'aventure.

Du reste, le succès momentané et l'insuccès final des
croisades n'eurent aucune influence sur l'organisation de
l'armée en France.

Il n'en fut pas de même des guerres des Anglais. Ces
guerres, dont l'une, par sa durée, a mérité le nom de guerre

de Cent ans, amenèrent les changements les plus remar-
quables dans l'état de nos forces militaires.

Ces guerres furent marquées par une série de désastres
inouïs : les défaites de Crécy, de Poitiers et d'Azincourt
mirent au pouvoir des Anglais, déjà maîtres de la Normandie, de l'Anjou et de la Guyenne, plus de la moitié de
la France actuelle, y compris sa capitale où un roi d'Angleterre se fit couronner roi de France.

Ce fut, Messieurs, le coup de la mort pour la féodalité !

Déjà, après Poitiers, où le roi Jean lui-même avait été
fait prisonnier, un vif sentiment de douleur nationale avait
envahi les classes roturières, sentiment mêlé d'indignation
et de mépris pour la noblesse qui avait lâché pied devant
une armée très-inférieure en nombre, après avoir empêché,
en se plaçant devant elle, l'infanterie des communes de faire
usage de ses arcs et de ses flèches. Ceux des gentilshommes
qui, revenant de la bataille, passaient par les villes et les
bourgs, étaient, dit Froissard, poursuivis de malédictions
et d'injures. La bourgeoisie parisienne, animée de passion
et de courage, prit sur elle, à tout événement, le soin de sa
propre défense, tandis que le fils aîné du roi, jeune homme
de dix-neuf ans, qui fut plus tard Charles V le Sage, mais
qui avait fui l'un des premiers, venait gouverner comme
lieutenant de son père.

Malheureusement, et comme il arrive souvent (nous
l'avons vu de nos jours), la douleur nationale fit place à
des excès regrettables. Pendant qu'à Paris un essai de
révolution communale et de révolution dynastique se faisait
sous la direction du prévôt des marchands, Etienne Marcel,
la population demi-esclave des villages et des hameaux
faisait la *Jacquerie*, au cri de : « Les nobles déshonorent et
trahissent le royaume ! »

Les *Jacques* commirent d'effroyables excès, brûlant et pillant tout, tuant hommes, femmes et enfants, poussés qu'ils étaient par des passions de haine et de vengeance amassées et refoulées durant des siècles d'oppression et de misère, et excités en même temps par le frémissement national qui était universel.

Les Jacques furent détruits, et la répression de leurs excès fut aussi effroyable que ces excès même. La révolution communale de Paris fut vaincue en même temps, mais le prince qui la combattit, prit quelque chose de ses tendances politiques et commença d'y devenir Charles le Sage.

Ce roi, grâce à son habileté politique, grâce au fameux Duguesclin et aux bandes de troupes à pied, que commandait ce capitaine, et qu'il avait formées avec les milices des villes et avec ceux des Jacques qui avaient voulu continuer la vie d'aventures, ce roi, dis-je, recouvra une à une les portions démembrées du royaume et rendit la France plus forte au dehors, et au dedans plus civilisée.

Mais quel triste successeur il eut! Charles VI, bientôt fou, et entouré d'oncles ambitieux et avides, rendus plus puissants que le roi lui-même par l'ineptie de Jean le Bon, le vaincu de Poitiers!

Le règne de Charles VI est marqué par le troisième des désastres que j'ai rappelés tout à l'heure : Azincourt, suivi, comme je l'ai dit, du couronnement d'un roi d'Angleterre comme roi de France dans la nef de Notre-Dame!

Le fils de Charles le fou, Charles VII, n'était plus que le roi de Bourges. Il fallait un miracle pour sauver la France; ce miracle se fit, ou plutôt, comme tout ici-bas a des causes naturelles, la France mit en ligne de bataille la puissante réserve qu'elle possédait depuis deux siècles : les milices à pied des communes.

L'indignation du peuple avait été grande après Poitiers : elle fut immense après Azincourt! après le traité de Troyes qui léguait la couronne à un prince étranger !

Paris, dans un accès de faiblesse et d'égarement, Paris avait ouvert ses portes et fêté le triomphe des Anglais ; le royaume était conquis jusqu'à la Loire, où Orléans, dernier boulevard des provinces encore libres, soutenait contre l'armée d'invasion une lutte désespérée.

Vous savez qui secourut cette ville et le royaume, vous savez ce que fut Jeanne d'Arc, la paysanne de Lorraine, ce qu'elle fit et comment, par elle et à son exemple, une émotion de colère, l'amour de la commune patrie, remontèrent des derniers rangs populaires dans les hautes classes de la nation.

Du long et pénible travail de la délivrance nationale sortit un règne dont les principaux conseillers furent des bourgeois, Jacques Cœur, le trésorier du roi , et Jean Bureau, le grand-maître de l'artillerie, qui sut, tout homme de loi qu'il était, faire le premier, de cette arme encore nouvelle, un emploi habile et méthodique.

La féodalité, comme corps politique, avait été bien affaiblie par l'alliance des rois avec la bourgeoisie des villes, qu'on a depuis appelée Tiers-Etat ; Louis XI devait l'affaiblir encore par de rudes coups, et elle devait disparaître tout à fait avec Richelieu.

Mais, comme corps militaire, elle fut complétement détruite dès le quinzième siècle, par Charles VII et Jean Bureau, qui furent frappés de l'impuissance des chevaliers contre les archers anglais à Azincourt, comme à Crécy et à Poitiers, et au contraire de la solidité des bandes de Duguesclin et des compagnies roturières de Jeanne d'Arc. Ils se rappelèrent les premiers exploits des gens des communes à Bouvines et à Taillebourg, bien avant Crécy. Le sentiment public était d'ailleurs avec les réformateurs, et le 2 novembre 1439, la réforme put s'accomplir : la féodalité avait vécu, et les milices des villes vinrent se fondre dans une armée royale et en même temps nationale.

Il fut ordonné, de par le roi en son conseil, que l'armée du roi serait réduite à quinze compagnies, chacune de cent lances garnies, ou six cents chevaux : trois archers, un page et un coutillier à cheval étant attachés à chaque homme d'armes.

Voilà pour la cavalerie ; un autre édit, du 28 avril 1448, vint bientôt donner une organisation analogue à l'infanterie : il fut enjoint à chaque prévôt de choisir dans sa paroisse le plus adroit à tirer de l'arc ou de l'arbalète ; moyennant l'exemption de la plupart des impôts, cet archer faisait partie d'un corps d'infanterie légère, destiné à tenir tête aux archers anglais, et appelé, à cause des franchises qui lui étaient accordées, le corps des *francs-archers*.

C'est, Messieurs, la première apparition des armées permanentes. La France allait ressaisir par la discipline la supériorité que lui avaient enlevée l'anarchie des milices féodales et les premiers progrès des Anglais dans l'art de la guerre. Ces progrès étaient, dit M. Henri Martin, dépassés de bien loin d'un seul élan : la France créait le système militaire moderne ; et bien que l'introduction générale des armées régulières, renouvelées de l'empire romain par la France, et bientôt imitées par le reste de l'Europe, dût coïncider avec le développement des gouvernements monarchiques, on peut dire que ce grand progrès était dû au sentiment patriotique des classes inférieures de la population.

Le premier usage q   de cet   armée la royauté, débarrassée des grands se   ours féodaux   t des Anglais, fut de la conduire aux folles expéditions d'Italie. Mais elle en retira un grand avantage au point de vue de la politique intérieure : « L'activité que les grands avaient trop souvent gaspillée en turbulence, ils la dépensèrent en héroïsme dans les batailles que la France livrait pour se faire une place digne d'elle parmi les Etats européens. Ils se formèrent d'une façon plus sérieuse et plus assidue que jamais à cette grande école des armées régulières, où s'apprennent, avec le patriotisme, l'esprit d'ordre, la discipline, et le respect pour d'autres mérites que ceux de la naissance et du rang. » (AUGUSTIN THIERRY).

Pendant cette longue période qui s'étend de Louis XI à Richelieu, et qui comprend les guerres d'Italie et les guerres de religion, on voit l'armée permanente commandée à tous les degrés par les nobles, qui lèvent eux-mêmes et équipent les soldats de leur compagnie ; une réunion de compagnies à cheval ou à pied constitue l'armée, dans laquelle entrent un grand nombre d'étrangers, conduits par des aventuriers appelés d'un nom italien qui veut dire *loués* : *condottiere*.

Telle est l'armée de Henri IV. Richelieu y apporte d'excellentes modifications : il veut une armée permanente où les grades soient accessibles à tous, et qui répande l'esprit militaire dans les classes non nobles de la nation ; enfin, il assure la régularité de la solde, et met ainsi fin à l'indiscipline et au pillage des gens de guerre.

C'est avec cette armée que Richelieu, Mazarin et Louis XIV combattent la maison d'Autriche, et réunissent à la France le Roussillon, la Flandre, l'Artois, la Franche-Comté et l'Alsace.

Pour la première fois, un roturier, Fabert, devient maréchal de France : Fabert, né à Metz, où sa statue est aujourd'hui gardée par un grenadier prussien! On peut encore citer les noms plébéiens du maréchal Catinat, et des chefs d'escadre Duquesne, Duguay-Trouin et Jean-Bart !

Vauban fortifie les places frontières, et fait adopter la baïonnette, arme nouvelle inventée à Bayonne, qui réunit entre les mains du fantassin français la pique et le fusil, et qui lui assure la supériorité qu'il avait déjà conquise à Rocroi et à Lens.

En même temps, un ministre non militaire, mais qui s'entendait admirablement aux choses de la guerre, Louvois, réunit les compagnies entre elles et forme le régiment.

Un autre ministre de Louis XIV, Colbert, donne à la marine un essor inconnu jusqu'à lui et crée l'institution admirable de l'inscription maritime, pour assurer à la marine militaire un recrutement toujours facile. Sauf quelques modifications, cette institution fonctionne encore.

Les cadres de l'armée étaient dès lors formés, à peu près comme ils le sont aujourd'hui : l'infanterie avait pris dans l'armée la prépondérance qui devait lui appartenir ; l'artillerie existait aussi, aussi nombreuse qu'il était nécessaire en ce temps-là, et la cavalerie était devenue à la fois plus légère et moins nombreuse.

Quel était donc le côté faible de cette armée ? son mode de recrutement. Il y entrait trop d'étrangers, et quant aux Français qui y entraient, c'était le plus souvent par des engagements volontaires ou par des réquisitions ; et le soldat entré dans les cadres n'en pouvait presque plus sortir. Accessoirement, il y avait les milices paroissiales, recrutées par tirage au sort.

Les colonels des régiments permanents recrutaient eux-mêmes leurs soldats avec des fonds mis à leur disposition par l'Etat. Ils avaient des sergents recruteurs, qui *raco-laient*, comme on disait alors, par des moyens plus ou

moins honnêtes, des jeunes gens sur les places publiques et
dans les cabarets ; ces jeunes gens se trouvaient jetés
souvent pour toute leur existence dans la carrière des
armes, sans pouvoir se rendre compte de la façon dont ils
avaient signé leur engagement.

C'est surtout dans le dix-huitième siècle, sous les
règnes de Louis XV et Louis XVI, que les abus de ce
recrutement devinrent intolérables : pendant la paix, les
soldats volaient et pillaient dans les rues des villes et sur
les grandes routes ; c'est qu'en effet il ne pouvait exister de
moralité dans une troupe ainsi recrutée, et le relâchement
général des mœurs, joint aux misères du peuple, ramenait
presque notre patrie aux temps malheureux des guerres des
Anglais.

La révolution de 1789, en abolissant tous les priviléges,
devait, Messieurs, mettre un terme à ces abus et créer une
véritable **armée nationale**.

Les rois de l'Europe ne virent pas cette révolution sans
crainte pour leur propre trône. La Prusse, la première,
envahit la France ; les Autrichiens suivaient, et ils étaient
soutenus par l'Angleterre, la Russie, l'Espagne et le Pié-
mont.

La patrie fut déclarée en danger ; une explosion de patriotisme, inouïe, amena des milliers de volontaires dans
les vieux cadres de l'armée royale ; des sous-officiers de
cette armée, des volontaires, devinrent généraux : Hoche,
Ney, Soult, Murat, etc. La Convention décréta la *levée en
masse*, et, au milieu des plus déplorables excès de la Terreur, eut au moins le mérite d'organiser, avec Carnot,
quatorze armées, de délivrer le territoire Français de
l'invasion, et même de donner à la France les limites

naturelles qu'elle a perdues depuis, après Napoléon Ier, et après Napoléon III.

Ce fut, Messieurs, la première armée vraiment nationale, puisqu'elle combattait pour la nation et n'avait aucun intérêt dynastique à défendre.

La loi du 10 fructidor an VI (6 septembre 1797), connue sous le nom de *loi Jourdan*, à cause du général, depuis maréchal, qui la prépara, eut pour but de régulariser le recrutement dû jusqu'alors aux *enrôlements volontaires* et aux *réquisitions*.

Cette loi établit la *conscription*, qui comprenait tous les Français depuis l'âge de 20 ans accomplis jusqu'à celui de 25 ans révolus, et les divisait en 5 classes, qui devenaient la 1re, la 2e...., la 5e classe, selon que les conscrits avaient atteint au 1er vendémiaire (22 septembre) l'âge de 20, 21..., 24 ans; on appelait les classes selon les besoins.

. Cette loi fut remaniée le 26 avril 1803, et ce remaniement en combla les lacunes : on appela dès lors 60,000 hommes par an, dont 30,000 appelés immédiatement, le reste formant la réserve. C'est de cette loi, souvent violée par le sénat impérial qui appelait un an et même deux ans d'avance les jeunes gens à l'armée, sur un ordre de Napoléon Ier, c'est de cette loi que se servit pendant tout son règne ce capitaine sans égal dans l'histoire (on peut le dire malgré le mal que son ambition a fait à la France).

En 1815, la restauration des Bourbons se fit au cri de : « plus de conscription ! » On en avait en effet abusé beaucoup sous l'empire. La Charte abolit la conscription ; mais, dès 1818, il fallut par une loi assurer le recrutement de l'armée. Cette loi qu'on appelle *loi Gouvion Saint-Cyr*, du nom du maréchal qui la présenta aux chambres, fixait à la fois le mode de recrutement et le mode de nomination aux grades ; c'était une loi vraiment démocratique pour le temps où elle a été faite. Elle déterminait, pour la première fois, la durée du service, fixait une date de libération : immédiatement et définitivement, pour les favorisés du sort dans le tirage annuel des classes, et après 6 ans de service pour les incorporés, au nombre fixé d'avance de 40,000 par an. Elle admettait le remplacement. Elle créait une réserve puissante sous le nom de légionnaires vétérans, et elle donnait, pour la nomination des officiers, des droits à l'ancienneté.

On remania cette loi en 1824 ; la durée du service fut portée à 8 ans, et l'institution de la vétérance fut supprimée. Le contingent annuel fut fixé à 60,000 hommes par an.

Ces modifications étaient peu heureuses, mais comme on n'eut pas de grandes guerres à soutenir, on n'en éprouva aucun préjudice.

Vint la révolution de 1830, qui fut, si l'on ne s'en rapporte qu'au résultat, une révolution dynastique.

En 1832, l'on changea la loi sur le recrutement de l'armée. Le temps de service fut fixé à 7 ans pour les incorporés, dont le nombre était déterminé par une loi annuelle.

Le remplacement était admis. Cette loi, contresignée par le maréchal *Soult*, dura jusqu'en 1868, sauf la modification apportée au mode de remplacement par une loi de 1855 sur la dotation de l'armée. Le remplacé, au lieu de fournir un homme à ses frais, payait à l'État une somme fixée annuellement, moyennant laquelle l'État se chargeait de retenir sous les drapeaux de vieux soldats, à qui il donnait une prime en argent.

Ce système était déplorable ; il perpétuait dans l'armée

les vieux sous-officiers, alourdissait les cadres, et peuplait l'armée de soldats mercenaires, retenus sous les drapeaux, rarement par des sentiments généreux , le plus souvent par l'appât de l'argent et des jouissances qu'il procure.

On abandonna ce système en 1868, lorsqu'à la suite des succès de la Prusse à Sadowa, la France reconnut, trop tard malheureusement, que son armée manquait d'une réserve. Le maréchal *Niel*, ministre de la guerre, prépara une loi qui porte son nom, et dont voici les dispositions principales :

Tirage au sort pour recruter le contingent fixé par une loi annuelle, et remplacement, sans le concours de l'Etat, comme dans le système de 1832.

Ce contingent servait 5 ans dans l'armée active, et pouvait être rappelé sous les drapeaux pendant 4 autres années.

Ceux qui ne faisaient pas partie du contingent appelé sous les drapeaux, soit par le bénéfice du sort, soit par suite du remplacement, soit par suite d'exemption pour toute autre cause que les infirmités physiques ou les services publics dans les différents clergés et dans l'Université, ceux-là formaient une réserve appelée *garde mobile*, dans laquelle ils servaient 5 ans, soit de 20 à 25 ans.

Mais en créant la garde mobile, cette réserve nombreuse qui avait toujours manqué à la France, la loi de 1868 lui refusait les moyens d'être utile. Elle n'accordait à l'Etat le droit de la réunir pour son instruction militaire que 15 jours par an, sans que chaque réunion pût dépasser 24 heures !

C'était dérisoire ! ajoutez que dans les années qui suivirent, aucun crédit ne fut demandé ni voté pour ces réunions, que les cadres de cette garde n'offraient aucune garantie au point de vue militaire, et vous comprendrez comment il se fit que dans la dernière guerre, la garde mobile, obligée de s'instruire devant l'ennemi, ne put rendre les services qu'elle eût rendus si elle avait été mieux organisée. Elle fit cependant beaucoup, mais elle prouva que, malgré l'héroïsme, malgré le patriotisme, les armées improvisées peuvent retarder la chute d'une nation, mais non l'empêcher.

Ce système était d'ailleurs mauvais en ce sens qu'il créait deux armées, différentes de mœurs et d'allures : l'une instruite des choses de la guerre, disciplinée et rompue aux fatigues, l'autre, sans instruction pratique, sans cohésion, et, peut-être aussi, sans bonne volonté.

Aussi, après nos désastres, le sentiment universel réclama-t-il un changement dans notre loi militaire. La Prusse nous avait vaincus avec une organisation très-puissante ; on pensa qu'il fallait imiter la Prusse.

On se rappela qu'après Iéna, en 1807, la Prusse avait fait passer dans des cadres réduits toute la jeunesse du pays, de façon qu'en 1813, lors du soulèvement national de l'Allemagne contre Napoléon Ier, son oppresseur, elle avait pu lever une armée extraordinairement nombreuse, très-passionnée contre nous, et, ce qui est l'important, très-instruite ; on se rappela qu'avec cette armée elle avait pu contribuer à notre défaite de Leipsig, entrer à Paris, nous écraser à Waterloo avec le secours des Anglais, et revenir encore une fois sous les murs de Paris en 1815.

On savait que le système prussien avait son origine dans le soulèvement national de 1813, et que, modifié dans des vues ambitieuses en 1861, il avait une valeur indiscutable dont nous ne connaissons que trop les terribles preuves.

On se mit donc à l'œuvre sous la pression du sentiment public, et une loi fut préparée par une grande commission de l'Assemblée nationale. M. *de Chasseloup-Laubat*, mort depuis, en fut le rapporteur, et son nom mérite d'être éternellement accolé à cette loi, qui n'est pas parfaite sans doute, mais qui a posé des principes désormais indestructibles.

Ces principes sont écrits dans les sept premiers articles de la *loi du* 27 *juillet* 1872, loi dont je commencerai, dans la leçon suivante, l'explication détaillée, et que vous serez mieux en état de comprendre, que si je ne l'avais fait précéder de cet historique.

IXᶜ LEÇON

RECRUTEMENT DE L'ARMÉE.

LOI DU 27 JUILLET 1872 (1ʳᵉ partie.)

Messieurs, ma dernière leçon a été occupée tout entière par l'historique de l'organisation des forces militaires dans notre pays depuis nos origines jusqu'à nos jours. C'est la LOI DU 27 JUILLET 1872 qui clôt cet historique.

Cette loi n'est pas encore bien connue, elle n'est pas entrée tout à fait dans les mœurs de la nation ; il convient donc de donner une certaine ampleur à son explication.

Sauf dans certains cas exceptionnels, je suivrai l'ordre des articles de cette loi, dont il est très-facile et fort peu coûteux de se procurer le texte.

. Les sept premiers articles de cette loi sont réunis en un seul titre, avec cette rubrique : **Dispositions générales**. Je vous ai déjà dit qu'ils renferment les principes qui ont servi de base à la loi nouvelle. Examinons-les donc avec l'attention qu'ils méritent.

Article 1ᵉʳ — « Tout Français doit le service militaire *personnel*. »

Le caractère de la loi nouvelle est expliqué par ce dernier mot, et il y a là une innovation capitale.

La loi de 1832 et les lois antérieures avaient organisé le *tirage au sort obligatoire*, mais non le *service obligatoire*.

La loi de 1868 avait organisé le *service obligatoire*, mais non le *service personnel*, puisque le jeune homme, compris dans le contingent, pouvait, moyennant le paiement d'une somme quelconque, se faire remplacer dans l'armée active par un soldat libéré ou par un jeune homme que le sort avait favorisé, et remplacer celui-ci dans la garde mobile.

La loi nouvelle pose une règle absolue : la situation faite par le tirage au sort est définitive, et dès lors, quelle que soit sa situation sociale, le jeune homme compris dans la première partie du contingent, servira *personnellement*, sans pouvoir permuter avec un homme de la 2ᵉ partie du contingent, ou de la réserve. Il n'y a qu'une seule exception à cette règle : la substitution de numéros peut avoir lieu entre frères, faisant partie du même tirage, pourvu que le substituant soit reconnu propre au service (*article* 28).

Article. 2 — « Il n'y a dans les troupes françaises ni prime en argent ni prix quelconque d'engagement. »

Le rapporteur de la loi disait à propos de cet article : c'est le désintéressement mis à l'ordre du jour de l'armée !

En effet, c'était l'abandon du déplorable système, conçu en 1855 et mis en pratique jusqu'en 1868 ; c'était aussi l'abandon du système de remplacement permis par les lois de 1832 et de 1868, ce dernier moins mauvais que l'autre.

Mais les deux systèmes avaient pour effet de peupler l'armée presque uniquement avec la partie la moins instruite de la nation, et, comme on l'a dit dans le cours de la

discussion, avec le prolétariat; d'en faire, en un mot, ur
armée de mercenaires, chargés, eux qui n'ont rien, de d
fendre ceux qui possèdent; et de perpétuer dans les cadre
en les y retenant par l'appât d'une somme d'argent, de viei
soldats, de vieux sous-officiers surtout, qui obstruaient
route aux plus jeunes et qui retombaient finalement à
charge de l'Etat, tenu de leur servir des pensions viagère

Je vous signalerai immédiatement deux disposition
relatives aux engagements, qui sont la conséquence d
principe posé par l'article 2 et qui ont pour but d'éviter l
inconvénients signalés : l'article 51 défend de recevoir l
rengagements des caporaux et soldats au delà de leur 2
année, et ceux des sous-officiers au delà de leur 3
année ; et l'article 71 promet un emploi civil ou militai
à tout homme qui aura passé sous les drapeaux douze an
dont quatre au moins avec le grade de sous-officier.

Comme on avait un grand nombre d'hommes, on esp
rait ainsi concilier toutes choses, c'est-à-dire avoir des soµ
officiers éprouvés, quoique encore jeunes, épargner l
finances de l'Etat, et maintenir, comme on l'avait dµ,
désintéressement à l'ordre du jour de l'armée. Mais, soit p
l'extension qu'a prise le volontariat d'un an, dont je vo
parlerai en son temps, soit par l'attrait qu'exercent sur l
jeunes gens les salaires élevés qui leur sont assurés da
l'industrie, il devient, paraît-il, difficile d'avoir des sou
officiers instruits ; à peine formés, ils rentrent dans la v
civile. En sorte que pour éviter l'inconvénient d'avoir
trop vieux cadres, on a couru le risque de n'en avoir p
du tout. Les pouvoirs publics s'inquiètent de cette questio
et ils ont raison.

Je n'ai pas à rechercher quelle sera la solution qu'i
préféreront; mais il me sera permis d'espérer qu'aucu
atteinte sérieuse ne sera portée à ce principe, véritableme

vivifiant, qu'il ne faut pas recruter par l'appât de l'argent et de ses jouissances immédiates, les cadres d'une armée nationale.

Article 3. — « Tout Français qui n'est pas déclaré impropre à tout service militaire peut être appelé, depuis l'âge de vingt ans jusqu'à celui de quarante ans, à faire partie de l'armée active et des réserves, selon le mode déterminé par la loi. »

Deux points sont à signaler dans cet article :

1° *Impropre à tout service militaire.* — Il est, en effet, des services auxiliaires, tels que ceux des postes, des ambulances, des télégraphes, des manutentions, des hôpitaux, des bureaux, etc., qui enlevaient autrefois à l'armée des hommes propres au combat, et qui à l'avenir pourront être desservis par des hommes moins bien pourvus sous le rapport des qualités physiques. C'est l'application d'un principe nouveau, savoir : que chacun concourt à la défense du pays dans la mesure de ses facultés et de ses forces.

2° *Depuis l'âge de 20 ans jusqu'à celui de 40 ans.* — C'est là une disposition générale qui a pour but d'éviter, à l'avenir, ces lois d'occasion, faites dans un moment de danger, qui frappent de stupeur les populations. Le détail de ces vingt années et leur distribution dans les diverses fractions des forces militaires de la France, telle qu'elle se trouvera expliquée au titre du *service militaire*, vous démontrera que ce n'est pas une charge exorbitante.

Article 4. — « Le remplacement est supprimé. Les dispenses de service, dans les conditions spécifiées par la loi, ne sont pas accordées à titre de libération définitive. »

La suppression du remplacement n'est qu'une conséquence de l'établissement du service personnel, édicté par l'article 1er. Quant aux dispenses de service, elles constituent une innovation : avant la loi de 1872, il n'y avait que des exemptions de service, lesquelles étaient définitives ; aujourd'hui, les exemptions n'existent que très-exceptionnellement, elles sont remplacées par des dispenses d'un caractère tout provisoire : nous verrons plus tard comment la loi les détermine.

Article 5. — « Les hommes présents au corps ne prennent part à aucun vote. »

La suppression du droit de vote pour les militaires sous les armes s'explique par les nécessités d'une discipline rigoureuse ; elle n'existe pas pour les militaires en congé.

Cet article appelait un complément : la suppression de l'éligibilité pour les militaires en activité de service ; elle a été votée dans la loi électorale.

Article 6. — « Tout corps organisé en armes est soumis aux lois militaires, fait partie de l'armée, et relève soit du ministre de la guerre, soit du ministre de la marine. »

Il y a deux choses dans cet article :

1° Protection accordée aux corps francs, que l'ennemi refusait de reconnaître comme belligérants pendant la guerre de 1870-1871, et qu'il fusillait impitoyablement pour frapper de terreur les populations. Avec cet article, les corps francs ne pourraient être victimes d'une telle barbarie, sans qu'elle couvrît de honte aux yeux du monde entier ceux qui attenteraient ainsi au droit des gens, reconnu nécessaire par toutes les nations civilisées.

2° Suppression en principe de la garde nationale ou de tout corps analogue, placé par les lois antérieures sous les ordres du ministre de l'intérieur.

Article 7. — « Nul n'est admis dans les troupes françaises s'il n'est Français. Sont exclus du service militaire, et ne peuvent à aucun titre servir dans l'armée :

1° Les individus qui ont été condamnés à une peine afflictive ou infamante ;

2° Ceux qui ayant été condamnés à une peine correctionnelle de deux ans d'emprisonnement et au-dessus, ont en outre été placés, par le jugement de condamnation, sous la surveillance de la haute police, et interdits en tout ou en partie des droits civiques, civils ou de famille. »

C'est un honneur de servir la France, Messieurs. Il faut donc être Français, et n'être pas indigne.

Il faut être *Français*, mais il n'est pas nécessaire d'être *citoyen français*. Je m'explique : en vertu d'un sénatus-consulte de 1865, les indigènes de l'Algérie sont Français et peuvent être admis au service militaire, bien qu'ils ne jouissent pas, à moins de le demander, des droits de citoyen. Vous savez tous que notre armée d'Afrique compte, sous les noms de spahis et de tirailleurs algériens, dix ou douze mille Arabes.

J'ajoute que l'on admet, en vertu de lois spéciales, dans certains corps de l'armée française, des hommes qui ne sont pas Français, mais qui ont ou veulent avoir des attaches sérieuses avec la France : tels sont les indigènes du Sénégal, de l'Inde, de Mayotte, etc., et autres colonies françaises ; tels sont les étrangers, originaires de tous pays, qui contractent un engagement volontaire dans le corps spécial, appelé régiment étranger, et qui peuvent ainsi obtenir plus facilement d'être naturalisés Français.

L'exclusion de l'armée pour cause d'indignité est absolue ; à aucun titre, on n'y admet ceux qui ont été condamnés à l'une des peines suivantes, afflictives et infamantes : travaux forcés à perpétuité ou à temps, déportation, détention, réclusion ; ou infamantes seulement : bannissement, dégradation civique.

On n'y admet pas non plus les individus qui ont été condamnés à deux ans d'emprisonnement au moins, lorsque le jugement a ajouté à cette peine la surveillance de la haute police et l'interdiction, en tout ou en partie, des droits civiques, civils ou de famille (droits de vote, d'éligibilité, droit aux fonctions publiques, droits de port d'armes, de tutelle, de témoignage en justice ou dans les actes publics).

Vous comprenez très-bien les motifs de cette exclusion : il ne faut pas que d'honnêtes jeunes gens, appelés à vivre en commun dans une caserne ou dans un camp, puissent jamais coudoyer des misérables frappés par la justice pour des crimes odieux ou honteux ! L'honneur doit régner dans une armée !

Messieurs, l'article 7 que je viens de vous expliquer termine la série des dispositions générales renfermant, vous ai-je dit, les principes qui dominent le recrutement de notre armée.

Nous allons entrer, avec les articles suivants, dans le détail des opérations de ce recrutement. Il se fait de deux façons, par les appels de classes et par les engagements, et de ces deux façons, il est clair que c'est la première qui fournit le plus grand nombre de soldats à la France. Aussi, la loi que nous étudions s'occupe-t-elle d'abord des APPELS (Titre II, articles 8 à 35).

Ces articles se subdivisent en 4 sections ; la première traite du recensement et du tirage au sort ; la seconde, des exemptions, des dispenses et des sursis d'appel ; la troisième,

des conseils de révision et des listes de recrutement cantonal ;
enfin la quatrième, du registre matricule.

Etudions l'une après l'autre chacune de ces sections.

Du recensement et du tirage au sort. — Chaque année
les maires dressent des tableaux qu'on appelle *tableaux de
recensement*, et sur lesquels sont portés les noms des jeunes
gens ayant atteint l'âge de 20 ans révolus dans l'année
précédente, et domiciliés dans le canton (à Paris, dans l'arrondissement). Pour dresser ces tableaux, les maires ont deux
sources d'informations : d'abord, la déclaration que sont
tenus de faire les jeunes gens eux-mêmes, leurs parents ou
leurs tuteurs ; ensuite, les registres de l'état civil, qui contiennent les actes des naissances survenues 20 ans auparavant (sauf les décès survenus dans l'intervalle), et, en cas
de changement de domicile, tous autres renseignements que
les maires de toutes les communes de France sont tenus de
se fournir les uns aux autres, par l'intermédiaire des
préfets.

Ces tableaux mentionnent dans une colonne d'observations,
la profession de chacun des jeunes gens inscrits. Ils sont
publiés et affichés dans chaque commune pendant huit jours
pleins, d'un dimanche à l'autre, au plus tard du 7 au 15 janvier ; c'est vous dire que les *déclarations*, dont sont tenus les
jeunes gens à inscrire, doivent être faites vers la fin de l'année dans laquelle ils ont eu 20 ans.

Il y a trois exceptions à faire à cet égard : 1° pour les fils
nés en France, d'un étranger qui lui-même y est né ; 2° pour
les fils nés en France, d'un étranger qui n'y est pas né ;
3° pour les fils nés à l'étranger, de parents étrangers naturalisés Français ; les uns comme les autres ne peuvent con-

10.

courir au tirage au sort que dans l'année qui suit l'année
de leur majorité, c'est-à-dire celle où ils ont eu 21 ans. Une
distinction est encore à faire ici; vous vous rappelez ce que
je vous ai dit, dans ma deuxième leçon, au sujet de la qualité de Français : tandis que les individus compris dans les
deux dernières catégories que je viens de vous indiquer,
ne sont Français que s'ils le veulent, au contraire les individus compris dans la première catégorie, les fils, nés en
France, d'étrangers qui eux-mêmes y sont nés, sont Français en vertu de la loi du 7 février 1851, modifiée par une
loi du 29 décembre 1874. Ils sont donc, à l'époque de leur
majorité, inscrits sur les tableaux de recensement, à moins
qu'ils n'apportent la preuve que dans le pays auquel ils
prétendent appartenir, ils ont conservé leurs droits de
citoyens, c'est-à-dire, en fait, qu'ils vont satisfaire à la loi
militaire de ce pays. Cette mesure a été prise pour mettre
un terme à un abus qui se perpétuait depuis de longues
années dans certains départements de la frontière, dans le
Nord par exemple, où tel fils, né en France, d'un étranger
qui y était né, prétendait être Belge en France, et passait
pour Français en Belgique; or, il n'y avait rien, avant la loi
de 1874, qui empêchât un pareil abus de se renouveler à
chaque génération; cette loi y a mis ordre.

Ces jeunes gens, inscrits seulement après leur majorité,
ne sont assujettis qu'aux obligations de service de la classe
à laquelle ils appartiennent; ce qui veut dire qu'en fait, ils
ont un an de service de moins à faire.

Les maires doivent considérer comme étant *domiciliés dans
le canton :*

1° Les jeunes gens dont le père, la mère ou le tuteur y
sont domiciliés, ou y étaient domiciliés avant leur départ
pour un pays étranger; ces jeunes gens fussent-ils éman-

cipés, engagés, établis au dehors, expatriés, absents ou en état d'emprisonnement, peu importe : l'enfant mineur a le même domicile que son père, sa mère ou son tuteur ;

2° Les jeunes gens mariés dont le père, ou la mère à défaut du père, y sont domiciliés, à moins qu'ils ne justifient de leur domicile réel dans un autre canton ;

3° Les jeunes gens mariés qui ont ainsi justifié d'un domicile dans le canton, domicile autre que celui de leurs parents ;

4° Les jeunes gens nés et résidant dans le canton, qui n'auraient ni leur père, ni leur mère, ni leur tuteur ;

5° Tous autres jeunes gens résidant dans le canton, qui ne seraient dans aucun des cas précédents, et qui ne justifieraient pas de leur inscription dans un autre canton.

La *preuve de l'âge* de tous ces jeunes gens se fait surtout par la production d'un extrait de l'acte de naissance inscrit aux registres de l'état civil ; en cas de perte ou de non-existence de cet acte, par des titres quelconques et par témoins, et enfin par la notoriété publique. A Paris, où les incendies du mois de mai 1871 ont détruit les deux collections d'actes de l'état civil, antérieurs à 1860, qui se trouvaient à l'Hôtel-de-Ville et au Palais de justice, une commission spéciale, nommée en vertu d'une loi du 12 février 1872, reconstitue les actes d'après les documents qui lui sont remis par les intéressés ; un article de cette loi, l'article 21, vise tout particulièrement la preuve à fournir par les jeunes gens de 20 ans en vue du tirage au sort ; cet article, que la reconstitution de l'acte de naissance rend le plus souvent inutile, pourra cependant recevoir quelques applications jusqu'en 1881.

L'*omission* d'un jeune homme sur le tableau de recensement présente des dangers, Messieurs ! Les jeunes gens, omis faute d'une déclaration faite en temps utile, sont ins-crits sur les tableaux de recensement de la classe qui est appelée après la découverte de l'omission, à moins qu'ils n'aient 30 ans accomplis à l'époque de la clôture des tableaux. Après cet âge, ils sont soumis seulement aux obligations de la classe à laquelle ils appartiennent.

Comme vous le voyez, la simple omission, même non coupable, est punie par un retard de 1 an à 9 ans dans la libération définitive de l'homme omis.

Mais si l'omission est le résultat d'une fraude, d'une manœuvre (article 60), les coupables sont punis d'un empri-sonnement d'un mois à un an ; si le jeune homme omis a été condamné comme auteur ou complice de la fraude ou de la manœuvre qui a amené l'omission, on lui applique la disposition suivante, mais seulement après l'expiration de sa peine : son nom est inscrit, d'office, en tête de la liste du tirage, et le premier numéro lui est attribué de droit ; il ne bénéficie donc pas de la chance que peut lui offrir le sort, et, comme nous le verrons plus tard, il est de droit dirigé sur l'armée de mer.

Messieurs, nous arrivons à la seconde phase de l'opération annuelle du recrutement.

Des affiches ont fait connaître le lieu et le jour où il sera procédé à la désignation, par le sort, du numéro assigné à chaque jeune homme inscrit.

Dans les cantons composés de plusieurs communes, *l'examen des tableaux de recensement*, qui doit précéder le *tirage au sort*, et le tirage même ont lieu au chef-lieu de canton, en séance publique, devant le préfet ou le sous-préfet assisté des maires du canton.

Dans les communes qui forment un ou plusieurs cantons, le sous-préfet est assisté du maire et de ses adjoints.

Dans les villes divisées en plusieurs arrondissements (comme Paris), le préfet ou son délégué (un conseiller de préfecture, généralement) est assisté d'un officier municipal de l'arrondissement.

Le tableau est lu à haute voix. Les jeunes gens, leurs parents ou ayants-cause sont admis à présenter leurs observations. Le président (préfet ou sous-préfet) statue immédiatement, après avoir pris l'avis des fonctionnaires présents. Le tableau est rectifié, s'il y a lieu, puis définitivement arrêté et revêtu de leurs signatures.

Dans les cantons composés de plusieurs communes, l'ordre dans lequel elles sont appelées pour le tirage est, chaque fois, indiqué par le sort.

Avant de commencer l'opération du tirage, le président compte publiquement les numéros et les dépose dans l'urne (sauf les premiers numéros attribués à certains omis), après s'être assuré que leur nombre est égal à celui des jeunes gens appelés à y concourir : il en fait à haute voix la déclaration.

Aussitôt, chacun des jeunes gens, à l'appel de son nom dans l'ordre du tableau (sauf les additions de la dernière heure, c'est l'ordre alphabétique), vient sur l'estrade et prend dans l'urne (cette urne, Messieurs, peut quelquefois n'être qu'un simple sac), prend, dis-je, dans l'urne un numéro qui est immédiatement proclamé et inscrit.

Les parents des absents, ou, à leur défaut, le maire de leur commune ou de leur arrondissement, tirent à leur place.

L'opération du tirage, dès qu'elle est achevée, est *définitive*.

Elle ne peut, sous aucun prétexte, être recommencée, et chacun garde le numéro qu'il a tiré ou qu'on a tiré pour lui. Si, malgré les précautions prises, il y avait erreur dans le nombre des numéros, les jeunes gens qui ne se trouveraient pas pourvus de numéros, seront, dit la loi, inscrits à la suite avec des numéros supplémentaires (qui seront forcément les meilleurs numéros), et tireront entre eux pour déterminer l'ordre suivant lequel ils seront inscrits.

La liste par ordre de numéros est dressée à mesure que les numéros sont tirés de l'urne. Il y est fait mention des cas et des motifs d'exemption et de dispenses que les jeunes gens, ou leurs parents, ou les maires, se proposent de faire valoir devant le conseil de révision, dont je parlerai plus tard.

Le sous-préfet y ajoute ses observations.

La *liste du tirage* est ensuite lue, arrêtée et signée de la même manière que le tableau de recensement ; et ces deux documents, qui se contrôlent l'un par l'autre, sont annexés au procès-verbal des opérations.

La liste du tirage est publiée et affichée dans chaque commune du canton.

Ce que je viens de vous dire, Messieurs, au sujet du tirage au sort, est, à peu de chose près, le texte même de la loi. Je voudrais y ajouter quelques mots pour répondre à une question que vous ne pouvez manquer de faire : pourquoi ce tirage, puisque tout Français doit servir de 20 à 40 ans? Messieurs, le tirage au sort, qui a son origine dans le recrutement des milices paroissiales avant la Révolution, et qui, depuis lors, a toujours désigné les jeunes gens faisant partie du contingent appelé sous les drapeaux, en même temps qu'il libérait les autres, le tirage au sort sert aujourd'hui à faire un partage que des nécessités tout à la fois militaires et financières ont rendu indispensable. Comme on ne voulait pas garder tout le monde pendant peu de temps sous les drapeaux, parce que, a-t-on dit, on ne formerait pas ainsi un bon noyau d'armée; comme, d'un autre côté, on ne pouvait, faute d'argent, garder tout le monde pendant longtemps à l'armée, on a imaginé de conserver l'ancien mode du tirage au sort pour désigner, d'une part, ceux qui resteraient long-temps soldats de l'armée permanente, et, d'autre part, ceux qui, disponibles pour une guerre, ne feraient dans les rangs, en temps de paix, qu'un court apprentissage. Nous retrouverons cette question plus tard, Messieurs.

Nous avons, quant à présent, à nous occuper des exemptions, dispenses et sursis d'appel; c'est par là que je commencerai ma prochaine leçon.

Xe LEÇON

RECRUTEMENT DE L'ARMÉE.

LOI DU 27 JUILLET 1872 (2e partie).

Des exemptions.—Des dispenses et des sursis d'appel.
— Telle est, Messieurs, la rubrique de la 2e section du
titre II de la loi sur le recrutement de l'armée.

Nous examinerons cette section un peu plus rapidement
que la précédente, parce que nous n'y trouverons que des
applications de quelques principes déjà connus de vous,
notamment des articles 3 et 4 de cette loi.

Il n'y a d'autres *exemptés* du service militaire, que les
jeunes gens que leurs infirmités rendent impropres à tout
service actif ou auxiliaire dans l'armée (art. 16); car ceux-
là même qui, au moment de la réunion du conseil de révi-
sion, n'ont pas la taille de 1^m54^c ou sont reconnus d'une
complexion trop délicate pour un service armé, peuvent
être *ajournés* deux années de suite à un nouvel examen
(art. 18); ils sont alors tenus de se présenter devant le
conseil de révision qui les a déjà examinés. Après un

deuxième ajournement, c'est-à-dire au troisième examen, le conseil de révision rend un jugement définitif : les uns sont exemptés, les autres sont classés dans le service actif ou dans le service auxiliaire, et ils sont soumis à toutes les obligations de la classe à laquelle ils appartiennent, ce qui signifie que les années d'ajournement comptent pour eux comme s'ils avaient servi.

Mais, Messieurs, à côté des exemptés pour causes physiques, il y a les *dispensés du service actif en temps de paix*, ce sont les jeunes gens dont la famille se trouve dans une situation spéciale.

Je vais vous les énumérer le plus clairement qu'il me sera possible :

1° L'aîné d'orphelins de père et de mère ;

2° Le fils unique ou l'aîné des fils d'une femme actuellement veuve, ou d'une femme dont le mari a été légalement déclaré absent ;

Le fils unique ou l'aîné des fils d'un père aveugle, ou d'un père entré dans sa 70ᵉ année ;

Le petit-fils unique ou l'aîné des petits-fils des mêmes personnes, si ces personnes n'ont plus pour les protéger ni fils ni gendre ;

Enfin, le fils puîné ou le petit-fils puîné (ce mot veut dire *né après l'autre*, vulgairement *cadet*), lorsque le fils aîné ou le petit-fils aîné de ces mêmes personnes est lui-même aveugle ou atteint d'une infirmité incurable qui le rend impotent ;

3° Le plus âgé des deux frères appelés à faire partie du même tirage, pourvu que le plus jeune soit reconnu propre au service ;

4° Celui dont un frère sera dans l'armée active ;

5° Celui dont un frère sera mort en activité de service ;

Celui dont un frère aura été réformé ou admis à la retraite pour blessures reçues dans un service commandé, ou pour infirmités contractées dans les armées de terre et de mer.

Un frère sous les drapeaux, ou mort dans le service, ou blessé, etc., ne peut dispenser qu'un de ses frères, mais rien n'empêche que cette dispense se répète dans la même famille autant de fois que les mêmes droits s'y reproduiront. Supposons une famille composée de 6 fils; le n° 1 est soldat, lorsque le n° 2 tire au sort, ce dernier est dispensé; le n° 3 est soldat, lorsque le n° 4 tire au sort, ce dernier est dispensé; enfin, le n° 5 est tué dans une bataille, lorsque le n° 6 tirera au sort, il sera dispensé.

Le jeune homme omis, qui ne s'est pas présenté par lui ou ses ayants-cause au tirage de la classe à laquelle il appartient, ne peut réclamer le bénéfice des diverses dispenses que je viens de vous indiquer, si les causes de ces dispenses ne sont survenues que postérieurement à la clôture des listes.

Ces diverses causes de dispense doivent, pour produire leur effet, exister au jour où le conseil de révision est appelé à statuer. Cependant si un jeune soldat, appelé ou engagé, devient, postérieurement même à son incorporation, l'aîné d'orphelins de père et de mère, le fils unique ou l'aîné des fils d'une femme veuve ou dont le mari est absent, ou bien d'un père aveugle, le petit-fils unique ou l'aîné des petits-fils des mêmes personnes, il sera, sur sa demande, et pour le temps qu'il a encore à servir, renvoyé dans ses foyers en disponibilité, à moins qu'en raison de sa présence sous les drapeaux, il n'ait procuré la dispense de service à un frère puîné actuellement vivant.

Le bénéfice de cette disposition s'étend au militaire

devenu fils aîné ou petit-fils aîné d'un septuagénaire, par suite du décès d'un frère.

Toutes ces dispenses, Messieurs, dispenses énoncées à l'article 17, ne sont applicables qu'aux enfants légitimes.

Il existe une seconde catégorie de dispensés du service actif en temps de paix, ce sont les élèves de deux grandes écoles du Gouvernement : École polytechnique, École forestière ; ceux-là rendront des services à l'État dans d'autres carrières, et, en temps de guerre, ils seront, s'ils satisfont aux examens de sortie de ces écoles, pourvus d'emplois spéciaux, soit dans la disponibilité, soit dans la réserve de l'armée active, soit encore dans l'armée territoriale ou dans les services auxiliaires.

S'ils ne satisfont pas aux examens de sortie de ces écoles, ils suivront les conditions de la classe de recrutement à laquelle ils appartiennent par leur âge ; mais on leur comptera le temps passé par eux dans ces écoles, soumises d'ailleurs au régime militaire (art. 19).

Nous trouvons ensuite les *dispensés à titre conditionnel* (art. 20).

Ce sont, d'abord, les membres de l'instruction publique, à tous les degrés, pourvu qu'avant le tirage au sort ils souscrivent l'engagement de se vouer pendant dix ans à la carrière de l'enseignement, que cet engagement soit accepté par l'autorité universitaire, et qu'ils réalisent cet engagement.

Ce sont, ensuite, ceux qui promettent, par leurs premiers succès, de devenir des hommes de valeur, plus utiles à l'État dans leur carrière que sous la capote de soldat, tels que les lauréats de l'Institut, pour les beaux-arts, appelés communément *prix de Rome ;* il ne faut pas, en effet,

Messieurs, que la balle aveugle d'un Poméranien vienne briser l'existence d'un homme qui doit être un jour une des gloires de la France ; c'est déjà trop qu'en 1871 nous ayons ainsi perdu un grand artiste comme *Henri Regniault !*

Ce sont, encore, les membres et novices des associations, religieuses ou laïques, vouées à l'enseignement et reconnues d'utilité publique, toujours sous la condition d'un engagement décennal.

Ce sont, enfin, les élèves ecclésiastiques désignés par les autorités diocésaines et les jeunes gens qui se préparent au ministère dans les différents cultes salariés par l'État, sous la condition qu'ils seront assujettis au service militaire s'ils cessent leurs études, ou si, à un certain âge, ils ne sont pas entrés dans les ordres majeurs ou n'ont pas reçu la consécration.

L'article 21 vise le cas où les jeunes gens qui ont été dispensés à titre conditionnel, ou bien ceux qui étaient liés au service de terre ou de mer, en vertu d'un brevet, d'une commission (les officiers, par exemple), par l'application des lois et règlements sur l'inscription maritime, où ces jeunes gens, dis-je, viendraient à cesser prématurément les fonctions ou les études qui leur ont valu de n'être pas incorporés. Ils sont tenus à une déclaration, et doivent accomplir dans l'armée active et les réserves le service militaire tel que la loi l'a réglé. Faute par eux d'en agir ainsi, ils sont passibles des mêmes peines que les omis coupables de fraudes, et le temps écoulé depuis la cessation de leurs fonctions ou études jusqu'à leur incorporation, ne compte pas dans leurs années de service ; toutefois on déduit le temps déjà passé au service de l'État par les marins inscrits et par les jeunes gens liés au service dans les armées en vertu d'un brevet ou d'une commission.

L'article 22 traite d'une autre sorte de dispensés, les *dis-pensés à titre provisoire*, comme *soutiens indispensables de famille*. Il faut que ces soutiens de famille en remplissent effectivement les devoirs; ce sont les conseils municipaux qui les désignent. La liste est présentée au conseil de révision par le maire. Ces dispenses peuvent être accordées, par département, jusqu'à concurrence de quatre pour cent du nombre des jeunes gens reconnus propres au service et compris dans la première partie des listes du recrutement cantonal.

Elles sont provisoires, car le maire doit faire connaître au conseil de révision la situation des jeunes gens qui ont obtenu les dispenses, à titre de soutiens de famille, pendant les années précédentes.

Les deux articles suivants, 23 et 24, contiennent une innovation, celle des *sursis d'appel*, qui peuvent être accordés, jusqu'à concurrence de quatre pour cent du nombre des jeunes gens reconnus propres au service militaire d'une classe et d'un département, et compris dans la première partie des listes du recrutement cantonal. Ces sursis d'appel peuvent être accordés, sur l'avis des maires et des conseils municipaux, aux jeunes gens qui, *avant le tirage*, établissent que, soit pour leur apprentissage, soit pour les besoins de l'exploitation agricole, industrielle ou commerciale à laquelle ils se livrent pour leur compte ou pour celui de leurs parents, il est indispensable qu'ils ne soient pas enlevés immédiatement à leurs travaux.

Ces sursis d'appel ne confèrent ni exemption, ni dispense; ils ne sont accordés que pour un an, et peuvent néanmoins être renouvelés pour une seconde année.

Le jeune homme qui a obtenu un sursis d'appel conserve le numéro qui lui est échu lors du tirage au sort, et, à l'expi-

11.

ration de son sursis, il est tenu de satisfaire à toutes les obligations que lui impose la loi en vertu de son numéro.

Les articles 25 et 26 nous fournissent, Messieurs, des règles qui sont communes à quelques-uns des dispensés dont nous venons de nous entretenir :

Ceux qui sont dispensés, pour leur situation de famille, du service d'activité en temps de paix, les soutiens de famille, ceux qui ont obtenu un sursis d'appel, sont astreints à certains exercices.

Quand les causes de dispenses viennent à cesser, ils sont soumis à toutes les obligations de la classe à laquelle ils appartiennent.

En cas de guerre, ils sont appelés comme les hommes de leur classe, et l'autorité militaire dispose d'eux selon les besoins des différents services.

Des conseils de révision et des listes de recrutement cantonal. — Nous abordons la troisième section du titre qui nous occupe. Il s'agit là de la procédure suivie pour l'établissement des listes définitives du recrutement. Un conseil de révision, qui est composé de fonctionnaires administratifs et militaires, et qui comprend un médecin, militaire ou civil, se transporte dans chaque canton. Là, il revoit les opérations déjà faites, statue sur les causes d'exemption et de dispenses autres que celles pour soutiens de famille, examine les jeunes gens, admet ou rejette les réclamations présentées, et enfin arrête définitivement et signe les listes du recrutement, le tout en séance publique. C'est également le conseil de révision qui, augmenté de deux membres du conseil général, et alors siégeant au chef-lieu du département, prononce sur les demandes de dispenses pour soutiens de famille et sur les demandes de sursis d'appel (articles 27 à 32).

C'est un devoir de se présenter devant le conseil de révision, quelque numéro qu'on ait tiré ; j'ajoute que, si bonne santé que l'on paraisse avoir, il est prudent de ne pas négliger ce devoir.

Messieurs, avant d'abandonner tout à fait la question des conseils de révision, je crois utile de vous faire connaître immédiatement les *pénalités* qui se rattachent à cette question, ainsi que je l'ai déjà fait au sujet des fraudes et manœuvres qui ont amené l'omission d'un jeune homme sur le tableau de recensement. Il est bon que, dans ces explications sommaires, la règle soit immédiatement suivie de sa sanction.

Aux termes de l'article 63, tout homme qui est prévenu de s'être rendu impropre au service militaire, soit temporairement, soit d'une manière permanente, dans le but de se soustraire aux obligations imposées par la présente loi, est déféré aux tribunaux, d'office ou sur la demande des conseils de révision, et s'il est reconnu coupable, il est puni d'un emprisonnement d'un mois à un an.

Sont également déférés aux tribunaux, et punis de la même peine, les jeunes gens qui, dans l'intervalle de la clôture de la liste cantonale à leur mise en activité, se sont rendus coupables du même délit.

A l'expiration de leur peine, les uns et les autres sont mis à la disposition du ministre de la guerre, pour tout le temps du service militaire qu'ils doivent à l'État, et peuvent être envoyés dans une compagnie de discipline.

La même peine est prononcée contre les complices, et si ces complices sont des médecins, chirurgiens, pharmaciens, etc., la durée de l'emprisonnement est double, sans préjudice des amendes et des peines plus graves encore édictées par le Code pénal.

L'article 65 punit sévèrement les abus d'autorité, commis par les fonctiónnaires civils et militaires dans le but d'atténuer ou d'aggraver les conditions faites par la loi aux hommes appelés ou engagés, et l'article 66 punit aussi sévèrement les hommes de l'art qui auraient reçu des dons ou agréé des promesses pour être favorables aux jeunes gens qu'ils doivent examiner en conseil de révision ; les complices (par exemple, les jeunes gens eux-mêmes, leurs parents, etc.) sont punis des mêmes peines que les principaux coupables.

Nous revenons au titre II de la loi, dont la 4ᵉ section traite du **registre matricule.** — Il y a là, Messieurs, une innovation capitale : il fallait, en effet, que l'administration pût suivre des yeux, pour ainsi dire, de manière à les retrouver facilement en cas de guerre, les hommes, non-seulement de l'armée active, mais des réserves. On a pourvu à cette nécessité au moyen d'un registre qui est tenu dans chacune des 144 *circonscriptions régionales* de France.

Ce registre est dressé au moyen des listes du recrutement cantonal, telles qu'elles ont été arrêtées par le conseil de révision ; on y porte les noms de tous les jeunes gens qui n'ont pas été déclarés impropres à tout service militaire ou qui n'ont pas été ajournés à un nouvel examen de ce conseil.

On y mentionne l'incorporation de chaque homme inscrit, la position dans laquelle il est laissé (dispense, disponibilité, etc.), et successivement tous les changements qui peuvent survenir dans sa situation, jusqu'à ce qu'il passe dans l'armée territoriale (art. 33).

C'est vous dire, Messieurs, que les hommes de l'armée territoriale ne sont pas inscrits sur ce registre; il y a, pour cette seconde réserve, des contrôles spéciaux.

Tout homme inscrit sur le registre matricule, qui change de domicile, est tenu d'en faire la déclaration à la mairie de la commune qu'il quitte et à la mairie du lieu où il vient s'établir.

Le maire de chacune des deux communes transmet, dans les huit jours, copie de ladite déclaration, au bureau du registre matricule de la circonscription dans laquelle se trouve la commune (art. 34). De la sorte, les deux bureaux sont avertis : l'un efface le nom de l'homme sur son registre, et l'autre l'inscrit sur le sien. La même obligation est imposée, par l'article 35, à l'homme qui entend se fixer en pays étranger, avec cette différence qu'il doit faire sa seconde déclaration à l'agent consulaire de France.

Quelle est la sanction de ces obligations, Messieurs? nous la trouvons à l'article 59 :

« Tout homme inscrit sur le registre matricule, qui n'a pas fait les *déclarations de changement de domicile* prescrites par les articles 34 et 35 de la présente loi, est déféré aux tribunaux ordinaires, et puni d'une amende de 10 francs à 200 francs; il peut, en outre, être condamné à un emprisonnement de 15 jours à 3 mois.

« En temps de guerre, la peine est double. »

Sans préjudice, Messieurs, des peines portées contre les *insoumis* : tout homme inscrit sur le registre matricule, au domicile duquel un ordre de route a été régulièrement notifié, et qui n'est pas arrivé à sa destination au jour fixé par cet ordre, est, après un mois de délai, et hors le cas de force majeure, puni, comme insoumis, d'un emprisonnement d'un mois à un an en temps de paix, et deux à cinq ans en temps de guerre. Dans ce dernier cas, à l'expiration de sa peine, il est envoyé dans une compagnie de discipline.

En temps de guerre, les noms des insoumis sont affichés dans toutes les communes du canton de leur domicile; ils restent affichés pendant toute la durée de la guerre (art. 61).

Le même article indique ensuite la procédure à suivre en cas d'absence du domicile, lorsque l'ordre de route est apporté : cet ordre est notifié au maire.

Le délai d'un mois est augmenté progressivement pour les appelés qui résident hors de France ou hors d'Europe.

L'article 62 punit de peines diverses, selon leur caractère privé ou public, les complices des insoumis.

Non-seulement, Messieurs, le temps pendant lequel un homme aura été insoumis, ne compte pas dans les années de service exigées par la loi, mais encore, aux termes de l'article 64, ne compte pas non plus le temps pendant lequel un militaire a subi la peine de l'emprisonnement en vertu d'un jugement, et pour quelque faute ou délit que ce soit.

Nous avons terminé, Messieurs, l'examen de la partie de la loi qui traite des *appels*. Nous allons étudier le titre III, intitulé : **Du service militaire.**

Dans ce titre nous trouverons, pourrait-on dire, la substance même de la loi; je vais passer en revue, l'un après l'autre, les 10 articles qui le composent.

Article 36. — « Tout Français qui n'est pas déclaré impropre à tout service militaire fait partie :

De l'armée active pendant cinq ans ;

De la réserve de l'armée active pendant quatre ans ;

De l'armée territoriale pendant cinq ans ;

De la réserve de l'armée territoriale pendant six ans..... »

Additionnez ces nombres, Messieurs, et vous retrouverez les 20 années de service dont il est parlé à l'article 3. La deuxième partie de l'article 36 reproduit la même idée, sous une autre forme que la première partie; je vous signale seulement une disposition, en vertu de laquelle l'armée territoriale et sa réserve sont formées par région, et comprennent, pour chaque région, les hommes qui ont accompli le temps de service prescrit pour l'armée active et sa réserve, et sont domiciliés dans la région.

L'article 37 détermine la composition de l'armée de mer. Elle est formée, indépendamment des hommes que fournit l'inscription maritime, des engagés volontaires ou des appelés qui ont choisi ce service et ont été reconnus propres à le faire, et enfin des hommes auxquels sont échus les premiers numéros sortis au tirage au sort, et ce, pour chaque canton, proportionnellement au contingent total affecté aux corps de la marine.

Les permutations sont autorisées entre les hommes affectés à l'armée de terre et ceux affectés à l'armée de mer.

Pour les hommes qui ne proviennent pas de l'inscription maritime, le temps de service actif dans l'armée de mer est le même que dans l'armée de terre : cinq ans dans l'activité et quatre ans dans la réserve; mais, eu égard aux fatigues et aux dangers du service maritime, ils passent deux ans plus tôt dans la réserve de l'armée territoriale. Une loi récente a modifié dans ce sens celle que nous analysons.

Aux termes de l'article 38, la durée du service compte du 1er juillet de l'année du tirage au sort, et les envois d'une catégorie dans l'autre, ainsi que le congé définitif, se font le 30 juin, en temps de paix: car, en temps de guerre, ces mutations ou congés ne peuvent avoir lieu que lorsque les hommes de la classe, destinée à remplacer celle qui est congédiée, sont arrivés au corps; même solution, en tous temps, pour les hommes appartenant aux équipages d'une flotte en cours de campagne.

Avant la loi de 1868, la durée du service comptait du 1er janvier de l'année du tirage au sort, en sorte que lorsque l'homme partait pour rejoindre son corps, il avait presque fait un an de service sur sept. Les années de service actif ayant été réduites à 5, il a fallu compenser en partie la perte éprouvée en temps de paix; c'est pourquoi le point de départ de ces 5 années a été fixé au 1er juillet de l'année du tirage au sort. Il en résulte que les 20 ans dont parle l'article 36, ne se terminent pas à l'âge de 40 ans, comme le dit l'article 3, mais à celui de 41 ans en moyenne.

En effet, quels sont les jeunes gens qui tirent au sort en même temps? ceux qui ont eu 20 ans dans l'année précédente; qu'ils aient accompli ces 20 ans le 1er janvier ou le 31 décembre, peu importe! bien qu'il y ait entre eux une différence d'un an moins un jour, ils font partie de la même classe. Il en résulte que dans chaque classe, le plus jeune conscrit a, au 1er juillet qui suit le tirage, 20 ans et demi, plus un jour, tandis que le plus âgé a juste 21 ans et demi; le premier sera donc définitivement libéré de la réserve de l'armée active à 29 ans et demi, et de la réserve de l'armée territoriale à 40 ans et demi; le second, au contraire, n'obtiendra ces deux libérations qu'à 30 ans et demi et 41 ans et demi, *ce qui place*, ainsi que je vous le disais, *la libération définitive à 41 ans en moyenne!*

L'article 39 nous offre encore une innovation : autrefois, le contingent dont les ministres de la guerre et de la marine avaient besoin, était fixé par une loi annuelle, que les Chambres votaient comme elles votent l'impôt.

Aujourd'hui, tout le monde est soldat ; aussi tous ceux qui ne sont ni dispensés, ni exemptés, ni pourvus d'un sursis d'appel, ni affectés spécialement à l'armée de mer, sont-ils mis à la disposition du ministre de la guerre.

Ils sont tous immatriculés dans les divers corps de l'armée et envoyés, soit dans lesdits corps, soit dans les bataillons et écoles d'instruction.

Messieurs, ils ne sont pas tous destinés à rester pendant le même temps sous les drapeaux ; nous verrons dans la leçon suivante comment se fait le partage entre ceux qui doivent y rester pendant 5 ans et ceux qui ne doivent y faire qu'un stage beaucoup plus court.

XIᵉ LEÇON

RECRUTEMENT DE L'ARMEE ·

LOI DU 27 JUILLET 1872 (3ᵉ partie).

Je vous ai dit, Messieurs, en terminant la précédente leçon, que tous les jeunes gens de la classe appelée (sauf les exemptés et les dispensés à des titres divers) faisaient partie de l'armée active et étaient mis, en conséquence, à la disposition du gouvernement, qui les dirigeait vers les différents corps de l'armée.

J'ai ajouté qu'ils n'étaient pas tous destinés à y demeurer pendant le même temps ; en effet, après une année de service, on ne garde sous les drapeaux que les hommes dont le chiffre est fixé chaque année par le ministre de la guerre.

Ces hommes, qui font 5 années de service, sont pris par ordre de numéros sur la première partie de la liste du recrutement de chaque canton, et dans la proportion déterminée par la décision du ministre : cette décision est rendue aussitôt après que toutes les opérations du recrutement sont terminées (art. 40).

L'article suivant renferme deux choses : une atténuation

et une aggravation des dispositions de l'article 40. L'aggravation consiste en ceci : après l'année de service, si le militaire, compris dans la catégorie de ceux qui ne doivent pas rester sous les drapeaux, ne sait pas lire et écrire, et s'il ne satisfait pas aux examens déterminés par l'autorité militaire, examens qui portent, Messieurs, sur l'instruction pratique du soldat, il peut être maintenu au corps pendant une seconde année. C'est la punition de la paresse et de la négligence.

A l'inverse, et c'est en ceci que consiste l'atténuation, si par l'instruction acquise antérieurement à son entrée au service et dans le service même, un militaire, placé dans la même catégorie, remplit toutes les conditions exigées, il peut, après six mois et avant l'expiration de l'année, être envoyé en disponibilité dans ses foyers.

Je viens de prononcer, Messieurs, un mot qui marque la situation des militaires de la 2ᵉ portion du contingent, renvoyés dans leurs foyers après un an ou 6 mois de présence au corps : ils sont en *disponibilité de l'armée active*, et à la disposition du ministre de la guerre ; ils sont soumis à des revues et exercices (art. 42).

Il ne faudrait pas confondre les hommes de la disponibilité avec ceux de la *réserve*, bien que les uns comme les autres fassent partie de l'armée active en cas de guerre.

La situation des réservistes, c'est-à-dire de ceux qui ont accompli 5 ans de service dans les corps de l'armée ou dans la disponibilité, est réglée par l'article 43.

Ces hommes restent immatriculés, et leur rappel peut se faire d'une manière distincte et indépendante pour l'armée de terre et pour l'armée de mer ; cela dépend en effet de la guerre qu'il s'agit de soutenir. Ce rappel peut être fait par classe, mais à la condition de commencer par la moins ancienne ; on peut en effet n'avoir pas besoin des quatre classes de la réserve.

Les réservistes sont assujettis, pendant ces quatre années, à deux manœuvres ; la durée de chacune de ces manœuvres ne peut dépasser quatre semaines, soit 28 jours. Ce qui fait 56 jours en 4 années, de paix bien entendu ! Il n'y a rien là d'excessif, et la mise à exécution de cette mesure, dans ces dernières années, a été très-facilement acceptée par la population, qui a compris les nécessités patriotiques de l'époque.

Les hommes de la réserve et même ceux de la disponibilité peuvent se marier sans autorisation ; mariés, ils restent soumis aux obligations de service imposées à la classe à laquelle ils appartiennent. Toutefois, dans un but d'humanité, et aussi pour favoriser l'accroissement de la population, l'article 44 décide que les disponibles ou réservistes qui sont pères de quatre enfants vivants, passeront de droit dans l'armée territoriale, quel que soit leur âge.

L'article 45 renvoie à des lois spéciales l'organisation, que nous n'avons pas à étudier, de l'armée active, de l'armée territoriale, et de leurs deux réserves.

Avant de passer à une autre partie de la loi, résumons, Messieurs, ce que nous venons de voir. De quoi se compose l'armée française ? en temps de paix, elle se compose :

1º Des hommes de la 1ʳᵉ portion du contingent, pour cinq classes à la fois ;

2º Des hommes de la 2ᵉ portion, pour une classe seulement ;

3º Des dispensés pour certaines causes et des réservistes,

mais seulement pendant le temps fort court fixé pour les exercices auxquels ils sont astreints,

En temps de guerre : 1° des hommes de l'activité (cinq classes) ; 2° des hommes de la disponibilité (cinq classes également) ; 3° des hommes de la réserve (4 classes) ; 4° des dispensés pour certaines causes, tirées de la situation de famille (9 classes).

Messieurs, en temps de paix comme en temps de guerre, il existe une autre catégorie dont je ne vous ai pas encore parlé, celle des engagés volontaires. Le moment est venu de traiter cette question, à laquelle se rattache celle du volontariat.

Le titre IV de la loi que nous étudions est ainsi intitulé :

Des engagements. — Des rengagements et des engagements conditionnels d'un an.

Tout Français peut être autorisé à contracter un *engagement volontaire*, tel est le principe posé par l'article 46. Cet engagement ne peut avoir lieu qu'à de certaines conditions, que le même article énumère. Je me bornerai à vous énoncer ces conditions, deux d'entres elles seulement pouvant donner lieu à une observation.

L'engagé volontaire doit avoir 18 ans accomplis, et au moins la taille de 1ᵐ54ᶜ, à moins qu'il ne se destine à la marine, auquel cas, il pourra n'avoir que 16 ans accomplis et ne sera pas tenu d'avoir la taille prescrite par la loi, mais sous la condition qu'à l'âge de 18 ans il ne sera pas reçu s'il n'a pas cette taille.

L'engagé volontaire doit savoir lire et écrire ; il doit jouir de ses droits civils, n'être ni marié, ni veuf avec enfants, être porteur d'un certificat de bonnes vie et mœurs : ledit

12.

certificat, délivré par le maire de la commune de son dernier domicile, doit contenir le signalement du jeune homme qui veut s'engager, et attester, entre autres choses, qu'il n'a jamais été condamné à une peine correctionnelle pour vol, escroquerie, abus de confiance ou attentat aux mœurs.

Si l'engagé a moins de 20 ans, il doit justifier du consentement de son père, de sa mère, ou de son tuteur, ce dernier devant en outre être autorisé par le conseil de famille à donner ce consentement.

Au sujet de cette dernière condition, je vous prie de vous rappeler ce que je vous ai dit dans la leçon sur la puissance paternelle : le droit pour l'enfant de quitter la maison de son père, sans le consentement de celui-ci, avant sa majorité, n'existe exceptionnellement que pour l'engagement volontaire dans l'armée ; le code avait fait commencer ce droit exceptionnel à l'âge de 18 ans, la loi de 1832 et celle de 1872 l'ont retardé jusqu'à la 20e année, par respect pour l'autorité paternelle.

J'ai une différence à vous signaler entre les appelés et les engagés au sujet de l'indignité !

Si vous vous reportez à l'article 7 de la loi, vous verrez que tel qui, appelé par le sort à faire partie de l'armée, n'en serait pas exclu pour cause d'indignité, serait déclaré indigne de contracter un engagement volontaire. Pourquoi cette différence ? pour plusieurs raisons : c'est que l'engagé a le droit, en général, de choisir le corps où il veut servir, qu'il est possible que cet engagé entende faire du service militaire sa carrière ; que le noyau de l'armée permanente, dû aux engagements volontaires, doit être une véritable élite ; que, par suite, une situation un peu plus en vue est faite aux engagés volontaires, toutes choses incompatibles avec une vie déjà souillée, si peu qu'elle le soit.

Au contraire, exclure de l'armée, lors des appels de classes, un homme qui a commis des méfaits, serait fournir un encouragement à les commettre ; on exige donc, je vous le rappelle, pour qu'un homme soit exclu de l'armée par son indignité, qu'il ait été condamné à deux ans de prison au moins, qu'il ait été placé sous la surveillance de la haute police et qu'il ait perdu, en totalité ou en partie, ses droits civiques ou de famille ; en un mot, que ce soit véritablement ce qu'on pourrait appeler un membre gangréné de la société ; si toutes ces conditions ne sont pas remplies, il pourra entrer dans l'armée par la voix de l'appel, mais non par l'engagement volontaire. Voilà, Messieurs, la différence à retenir.

La durée de l'engagement volontaire est de cinq années, qui comptent dans la durée du service militaire fixée par l'article 36.

En cas de guerre, tout Français qui a accompli le temps de service prescrit pour l'armée active et la réserve de l'armée active (par conséquent, tout Français qui fait partie de l'armée territoriale ou même qui est libéré du service dans cette armée), est admis à contracter dans l'armée active un *engagement pour la durée de la guerre.*

L'article 47 qui autorise cet engagement, prend soin d'ajouter qu'il ne donne pas lieu à la dispense prévue par le § 4 de l'art. 17 : dispense pour celui dont un frère sera dans l'armée active. L'Etat, en effet, eût le plus souvent perdu beaucoup plus qu'il n'eût gagné, si la chose eût été possible : mais elle ne l'est pas, et l'article semble inutile, puisqu'il s'agit d'un engagement contracté *en temps de guerre, pour la durée de la guerre,* et que celui qui a un frère dans l'armée n'est dispensé que du service d'activité *en temps de paix* : en vertu de l'article 26, il est appelé comme ceux de sa classe, lorsqu'une guerre vient à éclater; le danger prévu par notre article n'existait donc pas.

L'article 48 autorise à rester dans l'armée de manière à y compléter 5 ans de service ceux qui n'avaient qu'un an à faire, en vertu de leur bon numéro, et qui ont pris goût au métier des armes; ceux qui ont déjà été renvoyés en disponibilité peuvent être autorisés aussi à compléter 5 années de service sous les drapeaux.

L'article 49 défend d'envoyer en congé sans leur consentement les engagés volontaires, ainsi que les hommes de la disponibilité admis à compléter cinq années de service.

Quant à l'article suivant, il règle la procédure des engagements volontaires ; je ne vous en dirai qu'un mot, Messieurs : c'est la même procédure que pour la rédaction des actes de l'État civil, et le magistrat chargé de recevoir ces engagements est le maire de la commune, chargé aussi, vous le savez, de rédiger les actes de l'État civil. De plus longues explications vous sont donc inutiles.

Les articles 51 et 52 traitent des *engagements*, c'est-à-dire des engagements contractés par des militaires qui ont déjà passé quelques années sous les drapeaux. Ils sont reçus par les intendants ou sous-intendants militaires, peuvent être conctractés pour deux ans au moins et cinq ans au plus, et ne sont renouvelables que jusqu'à l'âge de 29 ans accomplis pour les caporaux et soldats, et jusqu'à l'âge de 35 ans accomplis pour les sous-officiers.

Après cinq ans de services militaires, les rengagés ont droit à une haute paye, ce qui n'a rien d'incompatible avec le principe posé dans l'article 2. J'ai déjà d'ailleurs touché cette question, qui se lie intimement avec celle du recrutement des sous-officiers de l'armée.

J'aborde enfin, Messieurs, les articles de la loi que nous étudions, qui ont trait aux engagements conditionnels d'un an, autrement dit au **volontariat d'un an.**

Il y avait deux manières d'appliquer le service militaire obligatoire et personnel : l'une consistait à appeler tous les jeunes gens d'une même classe sous les drapeaux pendant trois années ; l'autre à n'appeler qu'une partie de la classe, mais à la retenir pendant cinq ans, tandis que l'autre partie ne ferait qu'une année de stage et formerait ensuite la disponibilité.

A cause de certaines difficultés pratiques, les législateurs de 1872 ont préféré la seconde manière; mais un autre inconvénient se présentait : c'était que le sort plaçât dans la première partie du contingent, celle qui reste cinq ans sous les drapeaux, des jeunes gens, destinés par leur instruction antérieure, par leurs aptitudes, à rendre de grands services à leur patrie dans la magistrature, dans la science, dans l'art de guérir les autres hommes, etc., et que leurs études ne fussent à tout jamais interrompues. On n'a pas voulu que la France ne fût plus autre chose qu'une vaste caserne ; un pays peut être grand autrement que par les armes. On a donc imaginé un système (qui d'ailleurs existait déjà en Prusse), système d'après lequel les jeunes gens d'une classe, qui remplissent certaines conditions, peuvent , avant de savoir quel numéro leur réserve le sort, prendre l'engagement conditionnel de servir un an sous les drapeaux, en prenant à leur compte les frais de leur habillement, de leur équipement, de leur monture s'ils sont cavaliers, enfin de leur entretien (art. 55).

L'engagé volontaire d'un an est incorporé et soumis à toutes les obligations de service imposées aux hommes présents sous les drapeaux.

Il est astreint aux examens prescrits par le ministre de la guerre.

L'engagement qu'il a souscrit est appelé *conditionnel*, parce qu'il est soumis aux conditions suivantes : si, après un an de service, l'engagé volontaire d'un an ne satisfait pas aux examens dont je viens de parler, il est obligé de rester une seconde année au service ; si, après cette seconde année, l'engagé volontaire ne satisfait pas encore à ces examens, il est, par décision ministérielle, déclaré déchu des avantages réservés aux volontaires d'un an, et il reste soumis aux mêmes obligations que celles qui sont imposées aux hommes de la première partie de la classe à laquelle il appartient par son engagement ; ce qui veut dire que, si élevé qu'ait été le numéro tiré par lui lors de l'appel de sa classe, il n'en fera pas moins cinq ans de service sous les drapeaux, sans préjudice des années de réserve.

Une semblable déchéance est réservée au volontaire qui a commis, pendant la première ou la seconde année, des fautes graves et répétées contre la discipline.

Dans tous les cas, le temps passé dans le volontariat compte en déduction de la durée du service prescrit par l'article 36.

En temps de guerre, l'engagé volontaire d'un an est maintenu au service.

En cas de mobilisation, l'engagé volontaire d'un an

marche avec la première partie de la classe à laquelle il appartient par son engagement (article 56).

Quels sont les avantages réservés aux volontaires d'un an, avantages qu'ils peuvent perdre, vous venez de le voir, par leur paresse ou leur inconduite? L'article 58 va vous l'apprendre : quand ils ont satisfait à tous les examens prescrits, ils peuvent obtenir des brevets de sous-officier ou des commissions au moins équivalentes, soit dans l'armée active, soit dans la disponibilité, soit dans la réserve de l'armée active, soit dans l'armée territoriale, soit enfin dans les différents services auxquels leurs études les ont plus spécialement destinés.

Vous venez de voir par les termes de l'article que j'ai rapportés textuellement, qu'ils peuvent obtenir des brevets de sous-officier. J'ajouterai que dans la pratique quelques uns ont pu, en restant volontairement deux ans au lieu d'un an au corps, obtenir beaucoup mieux que les galons de sous-officier : l'épaulette de sous-lieutenant dans la réserve de l'armée active.

Il nous reste à examiner quels sont les jeunes gens que la loi admet à contracter l'engagement d'un an. Ils peuvent se partager en deux classes, ceux auxquels on ne demande aucun examen spécial avant l'engagement (article 53), et ceux qui sont astreints à cet examen spécial, préalablement à tout engagement (article 54).

Ceux qui n'ont pas à subir l'examen spécial sont ceux qui offrent déjà les garanties d'une instruction supérieure, par les *diplômes* ou *brevets* qu'ils ont déjà obtenus à la suite de leurs études, et qui peuvent, par conséquent, invoquer ces diplômes pour prétendre à garder la liberté nécessaire aux études, souvent prolongées, qui doivent faire d'eux des hommes utiles à la société. Tels sont, nous dit l'article 53, ceux qui ont obtenu les diplômes de bachelier ès-lettres, de bachelier ès-sciences, les diplômes de fin d'études ou les brevets de capacité institués par les articles 4 et 6 de la loi du 21 juin 1865 (loi portant organisation de l'enseignement secondaire spécial); ceux qui font partie de l'École centrale des arts et manufactures, des Écoles nationales des arts et métiers (écoles établies à Châlons-sur-Marne, Aix et Angers), des Écoles nationales des Beaux-Arts, du Conservatoire de musique; les élèves des Écoles nationales vétérinaires (Alfort, Lyon et Toulouse), et des Écoles nationales d'agriculture (Grignon, Grandjouan, Montpellier); les élèves externes de l'École des mines, de l'École des ponts et chaussées, de l'École du génie maritime, et les élèves de l'École des mineurs de Saint-Étienne.

Tous ceux que je viens d'énumérer sont admis, avant le tirage au sort, lorsqu'ils présentent des diplômes ou des certificats d'étude authentiques, à contracter l'engagement d'un an.

Mais ce service d'un an seulement peut, en interrompant leurs travaux, causer un préjudice grave à leur carrière; l'article 57 a paré à ce danger. Je vous dirai même, qu'à mon sens, cet article contient en germe le moyen de restreindre un peu la faculté, donnée par l'article 53 à tout porteur de diplôme, de contracter un engagement d'un an, et de ne l'accorder qu'à ceux qui auraient réellement besoin de temps pour terminer des études sérieusement commencées; de changer, en un mot, la présomption établie par la loi en une véritable certitude : car le titre de bachelier, obtenu à 20 ans ou avant cet âge, ne prouve pas que celui qui le possède, abordera des études plus élevées.

Dans l'année qui précède l'appel de leur classe, nous dit l'article 57, les jeunes gens mentionnés dans l'article 53 *qui n'auraient pas terminé les études de la Faculté ou des Écoles auxquelles ils appartiennent, mais qui voudraient les achever dans un laps de temps déterminé,* peuvent, tout en contractant l'engagement d'un an, obtenir de l'autorité militaire un sursis avant de se rendre au corps pour lequel ils se sont engagés. Le sursis peut leur être accordé jusqu'à l'âge de 24 ans accomplis.

Ceux qui n'ont pas de diplômes ou de brevets à présenter, peuvent aussi contracter l'engagement d'un an, mais sous la condition, nous dit l'article 54, qu'ils satisferont à l'un des examens exigés par les différents programmes, approuvés par décret.

Le nombre des engagés conditionnels de cette catégorie est limité ; le ministre fixe ce nombre chaque année, et le répartit par régions de recrutement, proportionnellement au chiffre des jeunes gens inscrits sur les tableaux de recensement de l'année précédente.

Voici quelles sont les formes et les matières de l'*examen spécial* imposé à ces jeunes gens non diplômés.

On a supposé avec quelque raison qu'ils ne peuvent appartenir qu'à l'une de ces trois branches du travail national : *agriculture, industrie, commerce,* et l'on a décidé que les examinateurs seraient choisis parmi des agriculteurs, des industriels et des commerçants, ou parmi des citoyens ayant exercé l'une de ces professions.

Deux épreuves sont subies par les candidats ; la première est la même pour tous : elle consiste en une *dictée écrite en français.* La seconde épreuve est *orale et publique :* elle se compose de deux parties, dont la première roule sur les matières composant l'enseignement que le candidat a dû recevoir à l'école primaire, et dont la seconde porte spécialement sur les notions élémentaires et pratiques relatives à l'exercice même de la profession du candidat (dans l'une des trois séries correspondant respectivement à l'agriculture, au commerce, à l'industrie).

Je me borne à mettre sous vos yeux, sans commentaires, les indications du programme annexé au décret du 31 octobre 1872.

Agriculture.

Natures diverses des terrains au point de vue de la culture. — Engrais et amendements. — Climats, saisons ; leurs rapports avec la culture. — Moyens d'utiliser les eaux ou de s'en préserver. — Instruments et machines agricoles. — Méthodes et procédés de culture. — Conservation des récoltes. — Bestiaux et animaux domestiques. —Comptabilité agricole. — Débouchés des principaux produits agricoles de la région.

Commerce.

Marchandises qui font l'objet de la spécialité du candidat; leur provenance, leur emploi et leur prix de revient. — Comptabilité et tenue des livres. — Dénomination des livres de commerce. — Principales opérations de commerce ou de banque. — Formules usuelles du billet à ordre, de la lettre de change, du mandat, du chèque, etc. — Signification des principaux termes de commerce ou de banque.

Industrie.

Caractères et propriétés des matières premières ou matériaux. — Leur extraction, leur transformation ou leur emploi. —Moteurs, machines, instruments et outils dont le candidat fait habituellement usage. — Procédés au moyen desquels il obtient les produits de son industrie spéciale. — Nature de ces produits.

Cette énumération doit vous démontrer, Messieurs, que la loi a entendu ne favoriser que les jeunes gens, réellement instruits des choses de leur état, et par suite, capables de rendre amplement au pays dans la vie civile l'équivalent des services qu'ils se trouvent dispensés de lui rendre dans la vie militaire.

Il suffirait donc que les examinateurs apportassent dans leurs jugements un peu de rigueur, pour qu'il ne résultât aucun inconvénient de la mesure, prise depuis quelques années, pour l'exécution de l'article 55, lequel met aux frais de l'engagé volontaire d'un an son entretien, son habillement, etc. On a fixé à la somme de 1,500 francs le coût de cet entretien ; c'est relativement fort peu d'argent, dans un pays où l'on voyait, avant la guerre de 1870-1871, tant d'exonérations se produire, moyennant un prix bien supérieur (2,400 ou 2,800 francs) ; et il ne faut pas se dissimuler que, la guerre étant heureusement un fait exceptionnel, l'engagement volontaire d'un an équivaut le plus souvent à une exonération du service actif pendant les 4/5 du temps imposé aux autres hommes. C'est là le danger du volontariat, dont je vous ai dit plus haut les avantages ; il ne faudrait pas qu'il détruisît le bon effet qu'on a voulu retirer de la suppression du remplacement, du mélange de toutes les classes de la société dans les rangs de l'armée, et qu'il rendît le recrutement des sous-officiers presque impossible !

Je vous disais à l'instant, Messieurs, que la somme exigée des volontaires était relativement minime ; à un autre point de vue, on peut dire qu'elle est beaucoup trop forte ;

car le volontariat d'un an doit être abordable pour les jeunes gens pauvres, qui ont de l'intelligence et de l'instruction. La loi a essayé de pourvoir à cette nécessité, en créant des espèces de bourses : le ministre de la guerre peut, nous dit l'article 55, 2ᵉ alinéa, exempter de tout ou partie des obligations déterminées au paragraphe précédent (l'entretien du volontaire à ses frais), les jeunes gens qui ont donné dans leur examen des preuves de capacité, et qui justifient, dans les formes prescrites par le règlement, être dans l'impossibilité de subvenir aux frais résultant de ces obligations.

Dans la pratique, voici comment les choses se passent : ceux qui ont obtenu la note *très-bien* à leurs examens, et dont le conseil municipal a certifié le manque de fortune, obtiennent, suivant leur nombre, et suivant leur situation particulière, remise de la totalité de la somme de 1,500 francs, ou des 3/4, de la moitié, du quart de cette somme ; je dis : suivant leur nombre, parce que le ministre ne dispose que d'une certaine quantité de bourses entières, et qu'elles sont réparties proportionnellement au chiffre des volontaires admis entre tous les départements.

J'aurai fini, Messieurs, ce que j'ai à vous dire au sujet du volontariat, lorsque je vous aurai fait savoir que si, au moment où les jeunes gens, dispensés de l'examen spécial à cause de leurs diplômes, ou soumis à cet examen, se présentent pour contracter un engagement d'un an, ils ne sont pas reconnus propres au service, ils sont ajournés, et ne peuvent être incorporés que lorsqu'ils remplissent toutes les conditions voulues.

Dispositions pénales. — Telle est, Messieurs, la rubrique du titre V de la loi que nous étudions. J'ai peu de choses à vous en dire, vous ayant fait connaître, au fur et à mesure qu'elles se présentaient, les pénalités encourues pour les diverses infractions aux prescriptions de cette loi. Tout au plus aurai-je à ajouter que la tentative du délit est punie comme le délit même, dans les cas prévus par les articles 60, 62 et 63, que les lois pénales ordinaires sont applicables dans tous les cas pour lesquels cette loi n'a pas édicté de peine spéciale, et que les tribunaux peuvent, quand il s'agit de prononcer la peine de l'emprisonnement, appliquer l'article 463 du Code pénal, c'est-à-dire abaisser la peine d'un ou de plusieurs degrés.

Sous le titre général : **dispositions particulières**, nous trouvons inscrits cinq articles (69 à 73) que je vais analyser brièvement.

Les jeunes gens appelés à faire partie de l'armée reçoivent, dans leurs corps et suivant leurs grades, non-seulement l'instruction nécessaire à leur service, mais l'instruction élémentaire ou supérieure ; en sorte que tout soldat, complétement illettré à son entrée dans le service, doit au moins savoir lire, écrire et compter à sa libération du service actif (article 69).

Des règlements administratifs assurent aux militaires de toutes armes le temps et la liberté nécessaires à l'accomplissement de leurs devoirs religieux les dimanches et autres jours de fête consacrés par leurs cultes respectifs (article 70).

Tout homme ayant passé sous les drapeaux 12 ans, dont 4 au moins avec le grade de sous-officier, reçoit des chefs de corps un certificat en vertu duquel il obtient, au fur et à mesure des vacances, un emploi civil ou militaire en rapport avec ses aptitudes ou son instruction.

Une loi spéciale a désigné, dans chaque service public, la catégorie des emplois réservés aux candidats munis du certificat ci-dessous spécifié (article 71).

Nul n'est admis, avant l'âge de 30 ans accomplis, à un emploi civil ou militaire, s'il ne justifie avoir satisfait aux obligations imposées par la loi (article 72).

Enfin, chaque année, avant le 31 mars, il est rendu compte au deux Chambres, par le ministre de la guerre, de l'exécution de la loi du 27 juillet 1872 (article 73).

Il ne me reste plus, Messieurs, qu'à vous parler des **dispositions transitoires.**

La loi que nous étudions n'a pu recevoir son exécution qu'à partir du 1er janvier 1873 ; encore a-t-il fallu retarder jusqu'au 1er janvier 1880 l'obligation de savoir lire et écrire, soit pour contracter un engagement volontaire, soit pour être envoyé en disponibilité après une année de service (article 79).

Il fallait, Messieurs, constituer immédiatement les réserves ; pour cela, on devait astreindre à un service, dans la réserve de l'armée active ou dans l'armée territoriale, des hommes qui avaient le droit de se considérer comme étant entièrement libérés, en vertu des lois de 1832 ou de 1868. Il s'agissait donc de donner, dans un intérêt supérieur, un effet rétroactif à la loi de 1872 ; c'est ce qu'ont fait, dans une certaine mesure, les articles réunis sous le titre de *dispositions transitoires.* Je dis : dans une certaine mesure, car il est à remarquer que les exemptions et dispenses de service dans l'armée territoriale sont régies par les lois anciennes, et non par la loi nouvelle; on a donc respecté le principe de non-rétroactivité des lois autant qu'il était possible, étant donnée l'urgente nécessité de constituer solidement et sans délai, après une guerre désastreuse qui s'est terminée par la mutilation du territoire, les forces défensives de notre patrie.

La plupart de ces dispositions transitoires n'ont plus de raison d'être cinq ou six ans après le vote de la loi. Je ne vous les expliquerai donc pas en détail. Je préfère placer sous vos yeux un tableau synoptique qui vous donnera la composition actuelle de l'armée active, de sa réserve, de l'armée territoriale et de la réserve de cette armée, et qui, en même temps, vous permettra, en prenant pour point de départ l'année de votre naissance, de déterminer sûrement la date de votre entrée au service, celle de votre libération définitive, ou celle de votre passage dans l'une ou l'autre des quatre fractions qui constituent l'armée française. Ce sera, en réalité, le résumé de ces dernières leçons.

ANNÉE DE LA NAISSANCE	INDICATION DE LA CLASSE	ANNÉE DU TIRAGE AU SORT	ENTRÉE DANS L'ARMÉE ACTIVE OU LA DISPONIBILITÉ	PASSAGE DANS LA RÉSERVE DE L'ARMÉE ACTIVE	LIBÉRATION DU SERVICE DE L'ARMÉE ACTIVE	ENTRÉE DANS L'ARMÉE TERRITORIALE	PASSAGE DANS LA RÉSERVE DE L'ARMÉE TERRITORIALE	LIBÉRATION DÉFINITIVE DE TOUT SERVICE	OBSERVATIONS
1836	1856	1857					1er janv. 1873 (1)	31 déc. 1876	(1) Par organisation.
1837	1857	1858					1er janv. 1873 (2)	31 déc. 1877	(2) Id.
1838	1858	1859					1er janv. 1873	31 déc. 1878	
1839	1859	1860				1er janv. 1873 (3)	1er janv. 1874	31 déc. 1879	(3) Id.
1840	1860	1861				1er janv. 1873 (4)	1er janv. 1875	31 déc. 1880	(4) Id.
1841	1861	1862				1er janv. 1873 (5)	1er janv. 1876	31 déc. 1881	(5) Id.
1842	1862	1863				1er janv. 1873 (6)	1er janv. 1877	31 déc. 1882	(6) Id.
1843	1863	1864				1er janv. 1873	1er janv. 1878	31 déc. 1883	
1844	1864	1865				1er janv. 1873 (7)	1er janv. 1879	31 déc. 1884	(7) Par anticipation, un an d'avance.
1845	1865	1866				1er janv. 1873 (8)	1er janv. 1880	31 déc. 1885	(8) Par anticipation, deux ans d'avance.
1846	1866	1867				1er janv. 1873 (9)	1er janv. 1881	31 déc. 1886	(9) Par anticipation, trois ans d'avance.
1847	1867	1868		1er janv. 1873 (10)	30 juin 1877	1er juil. 1877	1er juil. 1882	30 juin 1888	(10) Une portion de la classe seulement, celle qui faisait partie de la garde mobile; l'autre portion, à partir du 1er juillet 1873.
1848	1868	1869		1er janv. 1873 (11)	30 juin 1878	1er juil. 1878	1er juil. 1883	30 juin 1889	(11) Même observation, sauf que l'autre portion n'a pu passer dans la réserve que le 1er juillet 1874.
1849	1869	1870		1er janv. 1873 (12)	30 juin 1879	1er juil. 1879	1er juil. 1884	30 juin 1890	(12) Même observation, sauf que l'autre portion n'a pu passer dans la réserve que le 1er juillet 1875.
1850	1870	1871		1er janv. 1873 (13)	30 juin 1880	1er juil. 1880	1er juil. 1885	30 juin 1891	(13) Même observation, sauf que l'autre portion n'a pu passer dans la réserve que le 1er juillet 1876.
1851	1871	1872		1er janv. 1873 (14)	30 juin 1881	1er juil. 1881	1er juil. 1886	30 juin 1892	(14) Une portion de la classe seulement, celle qui eût fait partie de la garde mobile; l'autre portion n'a pu passer dans la réserve que le 1er juillet 1877. En vertu d'un décret du 5 janvier 1871, cette classe a été autorisée à devancer l'appel; pour ceux qui sont alors entrés au service, la libération définitive aura lieu 18 mois plus tôt.
1852	1872	1873	1er juil. 1873 (15)	1er juil. 1878	30 juin 1882	1er juil. 1882	1er juil. 1887	30 juin 1893	(15) A partir de la classe de 1872, la loi nouvelle reçoit son exécution régulière et normale.
1853	1873	1874	1er juil. 1874	1er juil. 1879	30 juin 1883	1er juil. 1883	1er juil. 1888	30 juin 1894	
1854	1874	1875	1er juil. 1875	1er juil. 1880	30 juin 1884	1er juil. 1884	1er juil. 1889	30 juin 1895	
1855	1875	1876	1er juil. 1876	1er juil. 1881	30 juin 1885	1er juil. 1885	1er juil. 1890	30 juin 1896	
1856	1876	1877	1er juil. 1877	1er juil. 1882	30 juin 1886	1er juil. 1886	1er juil. 1891	30 juin 1897	
1857	1877	1878	1er juil. 1878	1er juil. 1883	30 juin 1887	1er juil. 1887	1er juil. 1892	30 juin 1898	
1858	1878	1879	1er juil. 1879	1er juil. 1884	30 juin 1888	1er juil. 1888	1er juil. 1893	30 juin 1899	
1859	1879	1880	1er juil. 1880	1er juil. 1885	30 juin 1889	1er juil. 1889	1er juil. 1894	30 juin 1900	
1860	1880	1881	1er juil. 1881	1er juil. 1886	30 juin 1890	1er juil. 1890	1er juil. 1895	30 juin 1901	
1861	1881	1882	1er juil. 1882	1er juil. 1887	30 juin 1891	1er juil. 1891	1er juil. 1896	30 juin 1902	
1862	1882	1883	1er juil. 1883	1er juil. 1888	30 juin 1892	1er juil. 1892	1er juil. 1897	30 juin 1903	
1863	1883	1884	1er juil. 1884	1er juil. 1889	30 juin 1893	1er juil. 1893	1er juil. 1898	30 juin 1904	
1864	1884	1885	1er juil. 1885	1er juil. 1890	30 juin 1894	1er juil. 1894	1er juil. 1899	30 juin 1905	
1865	1885	1886	1er juil. 1886	1er juil. 1891	30 juin 1895	1er juil. 1895	1er juil. 1900	30 juin 1906	
1866	1886	1887	1er juil. 1887	1er juil. 1892	30 juin 1896	1er juil. 1896	1er juil. 1901	30 juin 1907	
1867	1887	1888	1er juil. 1888	1er juil. 1893	30 juin 1897	1er juil. 1897	1er juil. 1902	30 juin 1908	
1868	1888	1889	1er juil. 1889	1er juil. 1894	30 juin 1898	1er juil. 1898	1er juil. 1903	30 juin 1909	
1869	1889	1890	1er juil. 1890	1er juil. 1895	30 juin 1899	1er juil. 1899	1er juil. 1904	30 juin 1910	
1870	1890	1891	1er juil. 1891	1er juil. 1896	30 juin 1900	1er juil. 1900	1er juil. 1905	30 juin 1911	
1871	1891	1892	1er juil. 1892	1er juil. 1897	30 juin 1901	1er juil. 1901	1er juil. 1906	30 juin 1912	
1872	1892	1893	1er juil. 1893	1er juil. 1898	30 juin 1902	1er juil. 1902	1er juil. 1907	30 juin 1913	
1873	1893	1894	1er juil. 1894	1er juil. 1899	30 juin 1903	1er juil. 1903	1er juil. 1908	30 juin 1914	
1874	1894	1895	1er juil. 1895	1er juil. 1900	30 juin 1904	1er juil. 1904	1er juil. 1909	30 juin 1915	

XIIᵉ LEÇON

MARIAGE.

Messieurs, nous allons aborder un sujet bien différent de ceux que nous avons traités dans les précédentes leçons. Je vais vous parler du **mariage**.

Il ne s'agit pas du mariage religieux, qui est affaire de conscience; mais du mariage civil, qui est d'obligation légale.

Ici, nous trouverons deux questions distinctes; l'une a trait aux conditions mêmes du mariage, l'autre à la rédaction de l'acte destiné à certifier le fait du mariage.

Pour la première question, nous verrons des faits nouveaux, mais pour la seconde, nous retrouverons quelques-unes des règles que nous avons établies pour les actes de l'état civil.

C'est de la première question que je veux vous entretenir aujourd'hui.

D'abord, qu'est-ce que le *mariage?* Le Code ne le définit pas; mais on en trouve ailleurs des définitions. En voici une :

« Le mariage est le contrat solennel par lequel deux

personnes de sexe différent se promettent mutuellement la fidélité dans l'amour, la communion dans le bonheur et l'assistance dans l'infortune. »

Cette définition est peut-être la plus complète, quoiqu'on adopte généralement celle qu'a donnée l'un des auteurs du Code civil, M. Portalis, en présentant le texte de la loi relatif au mariage : « Le mariage, dit-il, est la société de l'homme et de la femme qui s'unissent pour perpétuer leur espèce, pour s'aider par des secours mutuels à porter le poids de la vie, et pour partager leur commune destinée. »

Quelques jurisconsultes ont fait remarquer avec raison que cette définition n'est pas très-satisfaisante, parce qu'elle ne distingue pas suffisamment le mariage du concubinage, et aussi parce qu'elle semble dire que la vie n'est qu'un fardeau, un *poids*, et que l'homme n'a été créé qu'en vue du malheur; c'est, disent-ils, le point de départ d'une philosophie fausse, dangereuse et injuste envers l'auteur de toutes choses : à quelque religion qu'on appartienne, fût-on même athée, on ne peut se contenter d'une pareille philosophie.

Cependant, Messieurs, je vous engage à vous en tenir à cette définition, après l'avoir un peu modifiée : « Le mariage est la société, sanctionnée par l'autorité légale, de l'homme et de la femme qui s'unissent pour perpétuer leur espèce, pour s'aider, par des secours mutuels, dans toutes les circonstances de la vie, et pour partager leur commune destinée. »

Vous voyez que si la procréation des enfants est la fin principale du mariage, elle n'en est pas le but essentiel et unique. La loi y voit encore une société de secours et d'assistance. Aussi n'a-t-elle pas imposé de limite d'âge aux vieillards pour contracter mariage, et a-t-elle permis les mariages *in extremis*.

Qualités et conditions requises pour contracter mariage. — Avant la Révolution française, les institutions civiles et religieuses étaient profondément unies : le mariage était à la fois un contrat civil et un contrat religieux, soumis aussi bien aux prescriptions du droit canonique (droit ecclésiastique) qu'à celles du droit civil.

Je vous ai déjà dit, à propos des actes de l'état civil, que la Révolution a séparé l'État de l'Église, ou plutôt a soumis l'Église à l'État, ce qui est plus exact, puisqu'il y a des esprits qui rêvent une séparation plus complète. Quoi qu'il en soit, cette séparation complète existe entre la loi civile et la loi religieuse. La constitution de 1791 avait dit : « La loi ne considère le mariage que comme un contrat civil. » Le Code est resté fidèle à ce principe. D'où ce résultat : un mariage, contracté devant l'officier de l'état civil, est valable, même à défaut de sanction par l'Église ; au contraire, un mariage, contracté devant l'Église seule, est radicalement nul.

Aussi les causes de nullité ou de validité du mariage appartiennent-elles exclusivement à la loi civile, et les permissions ou les défenses de l'Église que le Code n'a pas reproduites, n'existent pas. Ce que je vais vous dire des conditions du mariage, des empêchements à sa célébration, appartient donc uniquement à la législation civile.

J'ai dit *empêchements*, c'est ainsi qu'on nomme l'absence d'une des conditions requises pour contracter mariage.

Les empêchements au mariage sont de plusieurs sortes ; ils sont : absolus ou relatifs, dirimants ou prohibitifs.

Absolus, quand la personne qui les subit ne peut contracter mariage avec qui que ce soit ;

Relatifs, quand cette personne ne peut se marier avec

telle ou telle personne déterminée, mais le peut avec toute autre ;

Dirimants (d'un mot latin qui veut dire *briser*), quand ils entraînent la nullité du mariage ;

Prohibitifs enfin, quand ils ne sont pas une cause de nullité, mais que, sans rompre l'union formée, ils entraînent certaines peines contre l'officier public et les parties qui ont transgressé la loi.

Nous allons examiner d'abord les **empêchements dirimants.**

1° *L'âge.* — La loi exige, pour les hommes, 18 ans révolus ; pour les femmes, 15 ans révolus. Il y a, à cette exigence, un triple motif : la faiblesse physique avant cet âge est constante et la société pourrait promptement dégénérer ; il faut que ceux qui se marient sachent ce qu'ils font et ce à quoi ils s'engagent ; enfin les époux doivent être capables de gérer leurs affaires et de gouverner leur famille.

Le chef de l'État peut accorder des dispenses d'âge pour motifs graves ; à défaut de ces dispenses, est nul tout mariage contracté entre deux personnes dont l'une au moins n'a pas l'âge légal, en d'autres termes, n'est pas pubère ou nubile.

2° *Un premier mariage non dissous.* — Nul ne peut contracter un second mariage, s'il est engagé par un premier mariage avec une personne vivant encore. La bigamie (ainsi nomme-t-on le crime de ceux qui transgressent la loi à cet égard) n'est plus, comme au temps de Molière, un cas pendable ; mais elle est punie, par le Code pénal, des travaux forcés à temps ; la même peine est prononcée contre l'officier public qui, sciemment, a célébré le second mariage, lequel est nul.

3° *La parenté ou l'alliance.* — Je vais me servir ici, pour examiner les différents cas qui peuvent se présenter, des mots que je vous ai déjà expliqués : parenté, alliance, ligne directe, ascendante ou descendante, ligne collatérale.

Parenté légitime. — Ligne directe : empêchement absolu au mariage entre les ascendants et les descendants.

— Ligne collatérale : empêchement ab-solu au mariage entre frères et sœurs.

Le même empêchement existe entre les alliés au degré de frères et sœurs (beaux-frères et belles-sœurs), entre les oncles et nièces, les neveux et tantes, et les alliés au même degré. Néanmoins, pour ceux-là, des dispenses *pour causes graves* peuvent être accordées par le chef de l'État.

Le mariage entre cousins et cousines au 4° degré, défendu par la loi religieuse, est permis par la loi civile.

Parenté naturelle. — Ligne directe : même empêchement que dans la parenté légitime.

— Ligne collatérale : elle n'existe pas pour les enfants naturels ; cependant la loi défend absolu-ment, sous peine de nullité, de marier un homme et une femme reconnus par le même père ou la même mère.

4° *Le défaut de consentement des époux.* — Quand je vous parlerai des contrats, je vous montrerai que le consente-ment est une des conditions essentielles de leur validité. Or, le mariage est un contrat, et même un contrat plus important que tout autre, puisqu'il engage la vie entière de deux personnes.

Le consentement de chacun des deux époux doit être *libre* et *exempt d'erreur*.

Si le consentement manque absolument, le mariage est *nul*, et toute personne, à toute époque, peut former une demande en nullité.

Si le consentement existe, mais qu'il soit entaché de violence ou d'erreur, le mariage n'est qu'*annulable*, ce qui veut dire que la personne seule, dont le consentement n'a pas été libre ou exempt d'erreur, peut demander l'annulation de son mariage, et encore faut-il qu'elle n'ait pas ratifié ce consentement postérieurement, soit expressément, soit tacitement.

Mais en quoi consiste le consentement? simplement dans les promesses solennellement échangées entre les époux devant l'officier public, au moment même de la célébration du mariage.

Toute convention antérieure ne signifie rien, même au cas où il y aurait une clause pénale; la nullité de l'engagement principal entraînerait la nullité de l'engagement accessoire. Cependant, des dommages et intérêts pourraient être obtenus, au cas où des dépenses auraient été faites en vue d'un mariage convenu et qui n'aurait pas lieu; mais ce serait en vertu de cette loi : quiconque, par sa faute, cause des dommages à autrui, est tenu de les réparer.

5° *Le défaut de consentement des ascendants ou de la famille.* — Ici nous retrouvons un des attributs de la puissance paternelle : « l'enfant, à tout âge, doit honneur et respect à ses parents ». Il y a des distinctions à faire, cependant, selon qu'il s'agit du fils ou de la fille, et selon leur âge. Un fils de 18 à 21 ans, une fille de 15 à 21 ans, ne peuvent se marier sans le consentement formel de leurs ascendants ou de leur famille.

Une fille de 21 ans, et plus, n'a pas besoin que son propre consentement soit complété par celui de sa famille.

Un fils de 21 à 25 ans a encore besoin de ce consentement.

Les raisons de cette différence se trouvent principalement dans la nature physique de la femme, plus précoce que l'homme et, par suite, plus vite vieillie que lui. Il y a encore une autre raison, c'est que l'homme, en se mariant, ne perd pas son nom, tandis que la femme perd le sien ; il va, au contraire, perpétuer ce nom, et ceux qui l'ont déjà dignement porté ont intérêt à ce que ceux qui le porteront un jour ne sortent pas d'une union déshonorante.

Mais, cette différence mise à part, pourquoi exige-t-on ce consentement des parents? pourquoi est-il indispensable pour un mariage, que l'homme peut contracter sept ans avant d'avoir 25 ans, et la femme six ans avant d'avoir 21 ans?

C'est que le mariage est une chose tellement sérieuse qu'il est nécessaire de mettre l'esprit des jeunes gens en garde contre les entraînements physiques, et que d'ailleurs les parents sont intéressés à ne laisser entrer dans leur famille que des personnes honorables.

Quels parents doivent ce consentement? Le père et la mère, s'ils existent tous deux. En cas de dissentiment, le consentement du père suffit.

Si l'un des deux seulement existe, son consentement suffit également.

S'ils sont morts tous deux, le consentement doit être demandé aux aïeuls, aïeules et autres ascendants dans l'ordre suivant :

Le consentement d'un aïeul ou d'une aïeule suffit, même

quand il y aurait des bisaïeuls dans l'autre ligne : c'est le plus proche qui l'emporte.

A degrés égaux dans la même ligne, le grand-père l'emporte sur la grand'mère.

A degrés égaux dans deux lignes différentes, le partage des avis emporte le consentement; ainsi la grand'mère maternelle consent, tandis que le grand-père paternel refuse son consentement : le sexe, ici, malgré l'identité de nom, ne l'emporte pas, et le partage vaut consentement.

Supposons qu'il n'y a ni père, ni mère, ni ascendants. L'homme, comme la femme, à leur majorité civile, c'est-à-dire à 21 ans, se marieront comme ils l'entendent; ils n'ont besoin du consentement de personne, puisqu'ils n'ont plus un seul ascendant, et que ces choses-là ne regardent pas les collatéraux.

Il en sera autrement s'ils ont moins de 21 ans; ils sont mineurs, ils ont donc un tuteur, et un conseil de famille, sans le consentement desquels leur mariage sera impossible.

Le consentement des parents peut être donné devant l'officier de l'état civil, au moment même de la célébration du mariage, ou par un écrit notarié fait à l'avance et remis à l'officier public. Ce consentement doit désigner la personne avec laquelle doit être contracté le mariage ; un consentement, donné pour un mariage quelconque, ne vaudrait rien.

A défaut de ce consentement, donné par qui de droit, que devient le mariage indûment contracté? Il est nul, Messieurs; le manque de consentement des parents est donc un empêchement dirimant.

Nous passons aux **empêchements prohibitifs.**

1° *Le défaut d'actes respectueux.* — Une fille de 21 ans, un fils de 25 ans, n'ont pas besoin du consentement de leurs ascendants, mais, en vertu du principe que je vais vous rappeler encore une fois : « l'enfant à tout âge doit honneur et respect à ses parents », la loi veut qu'ils demandent au moins *conseil* à leurs parents. La nécessité de cette demande de conseil vous a déjà été expliquée par toutes les raisons qui exigent le consentement des parents avant l'âge de 21 ou 25 ans, selon le sexe.

Les ascendants n'ont plus le droit d'empêcher le mariage projeté par leur descendant, ils n'ont que celui de l'en détourner par leurs conseils, sauf à lui à passer outre, s'il persiste dans son projet.

Si donc un ascendant blâme le mariage projeté, il refusera d'y donner son consentement, et le descendant, qui peut se passer de ce consentement, ne le peut qu'à la condition suivante : c'est qu'il adressera à cet ascendant un *acte respectueux*, et non, comme on dit à tort dans le monde, une sommation respectueuse (il n'y a rien de moins respectueux qu'une sommation).

Cet acte, contenant la *demande formelle et respectueuse* de consentir au mariage projeté, doit être faite par un notaire; la loi a voulu que le respect fût entièrement sauvegardé, et elle a absolument prohibé les huissiers dans cette affaire. Le notaire, accompagné d'un de ses collègues ou de deux témoins, notifie l'acte respectueux *à la personne même* de l'ascendant. Toutefois, si l'ascendant refuse de recevoir le notaire, celui-ci fera la notification à quelque personne que ce soit, au service de l'ascendant, ou mieux encore au maire de la commune où l'ascendant est domicilié.

Les ascendants auxquels l'acte est adressé, sont ceux dont

le consentement serait indispensable, si le descendant, qui emploie ce moyen, n'avait pas 21 ou 25 ans.

La loi exige, quelquefois plusieurs actes faits à de certains intervalles, quelquefois un seul acte.

Un fils âgé de 25 à 30 ans, une fille âgée de 21 à 25 ans, doivent adresser à leur ascendant trois actes, de mois en mois ; 30 jours après le 3e acte, l'enfant peut passer outre à la célébration de son mariage.

Après 30 ans pour les fils, après 25 ans pour les filles, un seul acte suffit, un mois après lequel le mariage peut être célébré.

L'officier public est punissable quand il procède à un mariage, sans s'assurer que le consentement est donné par qui de droit, ou que les actes respectueux ont été faits conformément à la loi.

Mais le mariage est valable, l'empêchement n'étant que prohibitif.

2° *L'absence des deux publications légales.* — Deux publications doivent être faites préalablement au mariage ; nous en reparlerons. Si elles ne l'ont pas été, il y a empêchement prohibitif, mais le mariage sera valable, pourvu qu'il ait été célébré publiquement, et non clandestinement.

3° *L'existence d'une opposition au mariage.* — L'officier public n'est pas juge de la valeur d'une opposition faite, c'est à la justice qu'il appartient de prononcer. Il doit donc refuser de célébrer le mariage. Mais s'il passe outre, le mariage sera valable, pourvu que l'opposition ne soit pas basée sur une cause qui constitue à elle seule un empêchement dirimant.

4° *Moins de dix mois de viduité pour une veuve.* — La veuve qui se remarie, doit avoir perdu son précédent mari depuis au moins dix mois ; vous vous souvenez de ce

que je vous ai dit au sujet des 300 jours , que la loi at
tribue aux plus longues gestations ; la loi , ici , n
veut pas qu'il y ait un doute possible sur la paternit
de l'enfant qui viendrait à naître de cette femme dans le
premiers temps de son veuvage ou dans les premiers temp
de son second mariage.

Cependant c'est encore un empêchement prohibitif :
célébré moins de 10 mois après la mort du précédent mari.
le mariage est valable.

Il y a, Messieurs, des causes de nullité du mariage, qui
sont absolues et d'autres qui sont relatives.

Les *causes de nullité absolue* sont (je ne fais que les énu
mérer) :

1° l'idendité de sexe ; 2° le défaut absolu de consentemen
des époux ; 3° l'absence d'une solennelle manifestation d
ce consentement devant un officier public ; 4° la bigamie
5° la parenté ou l'alliance à un degré prohibé ; 6° l
défaut de publicité : 7° l'incompétence de l'officier public.

Lorsque l'une ou l'autre de ces causes existe, toute per
sonne a qualité pour faire prononcer la nullité du mariage
pourvu qu'elle y ait intérêt.

Les *causes de nullité relative*, celles qui rendent les ma
riages, non pas nuls, mais annulables, sont au nombre d
deux.

La première est la nullité provenant d'un consentemen
entaché d'erreur ou de violence, erreur sur la personne
ou crainte d'un mal pire que le mariage avec tel ou telle
Dans les deux cas, il y a un consentement, mais un con
sentement imparfait: celui qui en a souffert, l'époux tromp

ou violenté, peut seul demander l'annulation de son mariage.

Il faut entendre *erreur sur la personne*, d'une erreur sur son individualité, et non sur ses qualités physiques ou morales; l'individualité peut s'entendre de sa parenté, de sa condition sociale, etc. Exemples : Paul a cru épouser la fille de Jacques, on lui a fait épouser, en le trompant, la fille de Pierre : il y a là une erreur sur la personne; il a cru épouser une femme douce, aimable ou jolie, il a épousé une femme méchante, acariâtre ou laide : il n'y a pas là une erreur sur la personne; il a cru épouser une fille qui n'avait jamais quitté la maison paternelle, il a épousé une fille qui avait été en service chez des étrangers; il n'y a pas là non plus d'erreur sur la personne; enfin, il a cru épouser une fille comme toutes les autres, il a épousé, au contraire, une de ces malheureuses qui ont subi, par suite d'un crime, une peine afflictive et infamante, telle que les travaux forcés; là, Messieurs, il y a erreur sur la personne.

La deuxième cause de nullité relative est celle du défaut de consentement des parents, quand ce consentement était nécessaire : les parents et l'époux fautif peuvent seuls demander l'annulation.

Les deux causes de nullité relative, que je viens de vous expliquer, peuvent disparaître par une ratification expresse ou tacite; cette dernière consiste dans l'écoulement d'un certain délai après le mariage : 6 mois dans le 1er cas, un an dans le 2e.

Il y a une autre cause de nullité absolue que je ne vous ai pas nommée, parce qu'elle est essentiellement *temporaire*, c'est celle qui provient du trop jeune âge de l'un des époux ou de tous deux, du défaut de puberté. Elle est temporaire parce que le temps la fait disparaître ; elle est absolue, parce que le mariage est nul. Comment accorder cela, direz-vous ? La loi n'a pas voulu qu'une femme ayant vécu avec un homme, non-seulement entre l'époque de son mariage et sa 15ᵉ année, mais encore 6 mois de plus, ou même ayant conçu avant ces six mois, fût, malgré elle, rejetée au rang des concubines et des mères d'enfant naturel ; même solution pour la femme plus âgée dont l'époux n'avait pas 18 ans, et pour cet époux lui-même, bien qu'il ait, en pareille circonstance, moins à perdre que la femme.

Dissolution du mariage. — Depuis qu'une loi de 1816 a abrogé le titre VI du Code civil, consacré au *divorce*, et depuis qu'une autre loi de 1854 a aboli la *mort civile*, il n'existe plus qu'une seule cause de dissolution du mariage : le *décès* de l'un des conjoints.

Nous avons examiné aujourd'hui, Messieurs, les conditions requises pour contracter mariage, et les causes de nullité, d'annulation ou de dissolution du mariage. Ma prochaine leçon sera occupée par l'examen des formes mêmes de la célébration du mariage et de l'acte qui le certifie.

XIIIᵉ LEÇON

MARIAGE.

FORMALITÉS RELATIVES A SA CÉLÉBRATION. — ACTES DE MARIAGE.

Messieurs, les *formalités relatives à la* célébration du mariage peuvent se classer en quatre séries :

1° Publications précédant le mariage et publicité de sa célébration ;

2° Nature des documents qui doivent être remis à l'officier de l'état civil avant la célébration du mariage ;

3° Solennité du mariage ;

4° Rédaction de l'acte destiné à perpétuer le souvenir du mariage.

Avant d'examiner à fond ces diverses formalités, il est nécessaire d'en comprendre toute l'utilité.

Les *publications* ont pour but d'avertir toutes les personnes qui ont connaissance de quelque empêchement au mariage projeté, afin qu'elles puissent en informer l'officier public, soit officieusement, soit par une opposition en règle.

La *publicité* de la célébration même du mariage est nécessaire pour avertir les tiers de la nouvelle condition des époux, soumis à de nouvelles règles de conduite dans la vie et dans les affaires ; ainsi la femme acquiert une hypothèque légale sur les biens de son mari ; elle devient une incapable ; l'un et l'autre époux ne peuvent plus contracter un nouveau mariage, tant que le premier n'est pas dissous, etc.

Le *dépôt de pièces* est indispensable pour que l'officier public s'assure que toutes les conditions prescrites par la loi ont été remplies et qu'il va, en conséquence, faire un mariage régulier et valable.

La *solennité* est requise à cause de l'importance du contrat ; dans notre droit, la généralité des contrats sont purement *consensuels*, c'est-à-dire qu'ils sont parfaits par le seul consentement des parties qui s'obligent, abstraction faite de la forme (je ne fais que vous indiquer très-sommairement ici des idées sur lesquelles j'aurai l'occasion de revenir avec plus de détails) ; c'est par exception que certains contrats, cinq seulement, sont, pour leur validité, astreints à une forme particulière ; on les appelle, pour cette raison, des contrats *solennels :* le mariage devant l'officier public est l'un de ces cinq contrats, les quatre autres sont l'adoption, l'hypothèque, la donation entre vifs et le contrat de mariage qui règle les intérêts des futurs époux.

La *rédaction de l'acte de mariage* est aussi nécessaire à la constitution de la famille et au bon ordre de la société que celle des actes de naissance ou de décès.

Nous allons reprendre l'une après l'autre ces quatre séries de formalités.

PREMIÈRE SÉRIE.

I. — Des publications *(publicité avant le mariage).* — Elles sont faites par l'officier public sur la réquisition des futurs époux, qui lui remettent des notes à cet effet. Elles devraient être faites verbalement, à deux reprises différentes, c'est-à-dire au moyen d'une proclamation à haute voix, à de certains lieux et à de certains jours. Mais, dans la pratique, on emploie le moyen de l'affichage, à la porte de la mairie, pendant huit jours consécutifs, d'un procès-verbal dressé par l'officier public. Ce procès-verbal, inscrit également sur un registre spécial, coté et paraphé comme les registres de l'état civil, mais tenu en simple et non en double original, doit contenir tous les renseignements possibles sur les noms, prénoms, âges, domiciles, qualités de majeur ou mineur, professions des futurs époux, et sur les noms, prénoms, etc. des père et mère de chacun d'eux, et en outre indiquer les jours, lieu et heures des publications.

Cette dernière indication a sa valeur, parce que l'intervalle d'une publication à l'autre est de huit jours : l'affiche apposée le dimanche reste jusqu'au dimanche suivant inclusivement, et le mariage peut être célébré trois jours après ce deuxième dimanche, soit le mercredi, mais non auparavant. Cependant, pour des causes graves, telles que la mort imminente de l'un des futurs époux (c'est le cas des mariages *in extremis*), le chef de l'État, ou son représentant dans l'ordre judiciaire, peut dispenser de la deuxième publication.

Les communes où la publication doit être faite sont celles où les époux futurs ont un *domicile quant au mariage*, c'est-à-dire là où elles résident depuis au moins six mois, sans cependant y avoir établi leur domicile, et là où elles ont toujours leur domicile, quoique n'y résidant plus depuis

15

six mois au moins. Prenons un exemple : Paul, domicilié à Orléans, où il a son principal établissement (un atelier de menuiserie, je suppose), réside depuis six mois à Tours à cause d'un travail qu'il y a entrepris ; Marie, domiciliée à Paris, où elle est, je suppose, institutrice, réside à Rouen depuis six mois dans une famille qui l'emploie pour l'instruction des enfants. Eh bien, le mariage de Paul et de Marie peut se faire, à leur choix, dans l'une ou l'autre de ces quatre communes, Orléans, Tours, Paris et Rouen : il s'en suit que les deux publications doivent se faire dans les quatre communes.

Ce n'est pas tout : les publications doivent être faites également dans les communes où les parents de l'un ou de l'autre des futurs époux, dont le consentement est nécessaire, sont domiciliés ou bien résident depuis plus de six mois. De sorte qu'en poussant les suppositions à l'extrême, on trouverait encore de ce chef quatre communes, qui pourraient n'être pas les mêmes que les quatre premières ; soit, au maximum, huit communes dans lesquelles il peut arriver que les publications soient nécessaires.

Je vous ai dit que le mariage ne pouvait être célébré avant le troisième jour qui suit la deuxième publication ; il ne pourrait pas l'être, sans de nouvelles publications, après qu'un an se serait écoulé depuis ce troisième jour. Les publications ne sont donc valables que pour un an, et voici pourquoi : c'est que les tiers, qui ont intérêt à être avertis, pourraient oublier ces publications si anciennes ou croire à la rupture définitive du projet de mariage ; c'est aussi que des empêchements, qui n'existaient pas lors des premières publications, auraient pu se produire dans un plus long intervalle de temps.

II. — De la publicité *(publicité du mariage même).* — Elle se compose de cinq éléments :

1° L'intervention d'un officier public ;

2° La célébration à la mairie et non ailleurs ;

3° L'admission du public ;

4° La présence de quatre témoins ;

5° La nécessité de se marier là où l'on est réputé connu, c'est-à-dire dans la commune où l'un des futurs époux a, soit son domicile, soit une résidence d'au moins six mois.

DEUXIÈME SÉRIE.

Les **pièces et documents** qui doivent être remis à l'officier de l'état civil avant la célébration du mariage, sont :

1° L'acte de naissance de chacun des futurs conjoints, ou, à défaut de cet acte s'il n'existait plus, un acte de notoriété publique, dressé selon certaines règles ;

2° L'acte authentique (c'est-à-dire notarié) du consentement des ascendants, à moins qu'ils ne doivent assister au mariage ; ou bien le procès-verbal constatant la signification des actes respectueux, dans les cas où la loi les permet ;

3° L'expédition des lettres de dispense, pour l'âge ou la parenté, quand il y a lieu ;

4° L'acte de décès du conjoint de celui des futurs époux qui se remarie ;

5° Les certificats, délivrés par les maires des communes où les publications devaient être faites, lesdits certificats constatant qu'elles ont été faites et qu'aucune opposition n'a été formée au mariage projeté ;

6° La main-levée des oppositions qui auraient été faites, et qui auraient été retirées, soit par un acte de la volonté des opposants, soit par un jugement ;

7° Le certificat délivré par le notaire qui a rédigé le contrat de mariage et constatant que ce contrat a été passé tel jour.

TROISIÈME SÉRIE.

La **solennité du mariage** exige le concours de trois classes de personnes : l'officier public, les parties et les quatre témoins.

L'officier public, nous savons quel il est; il est inutile de répéter ce que nous avons dit déjà.

Les parties comprennent à la fois les futurs époux et les parents qui doivent donner leur consentement au mariage, la présence des futurs époux est indispensable, car on ne se marie pas par procuration; il n'en est pas de même des parents, qui peuvent n'être pas présents et qui peuvent envoyer leur consentement par écrit. Les témoins, au nombre exceptionnel de 4, dont 2 pour chacun des futurs époux, peuvent être parents ou non-parents; il leur suffit, comme à tous les témoins d'un acte de l'état civil, d'être du sexe masculin et d'avoir au moins 21 ans.

Nous allons, pour plus de clarté, suivre ensemble les péripéties d'un mariage, pour lequel, bien entendu, nous supposerons que les deux premières séries des formalités requises ont été bien remplies.

L'officier de l'état civil donne aux parties, en présence des témoins et du public, lecture des pièces qui ont été produites, ainsi que du chapitre VI du titre *du mariage* au Code civil, lequel chapitre traite des droits et des devoirs respectifs des époux. Après quoi, il les interroge, demandant au futur s'il consent à prendre pour épouse celle qui est présente et qu'il désigne par ses nom et prénoms; à la future, si elle consent à prendre pour époux l'homme qui est à son côté et dont il indique également les nom et prénoms. Chacune des parties répond séparément à la question qui lui est faite.

Sur leur réponse affirmative, l'officier de l'état civil prononce, *au nom de la loi, qu'elles sont unies par le mariage.*

Lorsque les parents sont présents, lorsque leur consentement écrit n'a pas été remis à l'officier public, celui-ci doit, avant de prononcer la formule du mariage, interroger également les parents sur la question du consentement, et ce n'est qu'après leur réponse affirmative qu'il prononce ladite formule.

Toutes ces formalités, Messieurs, sont de la plus haute importance ; elles ont pour but d'appeler l'attention des époux sur la gravité de l'acte qu'ils vont accomplir, de montrer à tous que les conditions requises existent réellement, et de prouver la liberté des consentements donnés.

QUATRIÈME SÉRIE.

L'acte de l'état civil, destiné à perpétuer le souvenir du mariage, et à fournir en conséquence la preuve de sa légitimité et de celle des enfants à venir, doit être dressé séance tenante.

Ici nous allons retrouver quelques-unes des règles générales, communes à tous les actes de l'état civil, et des règles particulières à l'acte de mariage.

Enumérons rapidement ce que doit contenir cet acte, outre la date (an, jour et heure), et la mention finale des lecture et signatures :

15.

1° Prénoms, noms, âges, lieux de naissance, professions et domiciles des futurs époux;

2° Leurs qualités de majeurs ou mineurs;

3° Prénoms, noms, professions et domiciles de leurs pères et mères;

4° Consentement de ceux qui sont appelés par la loi à le donner ou à le refuser;

5° Mention des actes respectueux, s'il en a été fait;

6° Mention des publications légales;

7° Constatation qu'il n'a pas été fait d'oppositions ou main-levée de celles qui auraient été faites;

8° Réponse affirmative des deux époux aux questions posées par le maire, et proclamation qu'il a faite de leur union par le mariage;

9° Prénoms, noms, âges, professions, domiciles des quatre témoins; indication de leur non-parenté avec les époux, ou de leur parenté ou alliance, et dans ce cas, mention du degré et de la ligne paternelle ou maternelle;

10° Enfin, mention de la date du contrat de mariage et du notaire qui l'a reçu (cette dernière formalité n'est exigée que depuis 1850; c'est une heureuse innovation qui ne permet plus aux époux de mauvaise foi de tromper leurs créanciers ou d'autres tiers sur l'existence ou les conditions du contrat qui a réglé leurs intérêts pécuniaires).

Vous voyez, Messieurs, que l'acte de mariage n'est autre chose que le récit, très-complet, du mariage même et des circonstances propres à influer sur sa validité, qui l'ont précédé ou accompagné.

Mais si ces diverses circonstances ne sont pas toutes rapportées dans l'acte, le mariage sera-t-il nul ? non certes ! une seule de ces circonstances doit être rapportée, sous peine de nullité du mariage : l'intervention de l'officier public compétent, qui a reçu le consentement des parties et les a déclarées unies par le mariage. A vrai dire, c'est là tout le mariage civil.

De même que nous l'avons fait pour les actes de naissance et de décès, nous allons examiner en quelques mots la question des mariages à l'étranger.

Les Français peuvent se marier aussi bien à l'étranger qu'en France.

Leur capacité personnelle les suit hors de France : ils sont donc soumis aux conditions requises pour contracter un mariage valable en France.

Les publications sont indispensables en France, aux communes du dernier domicile du Français ou des Français qui se marient à l'étranger.

Si le Français épouse une Française, le mariage peut se faire dans les formes de la loi française, devant un agent diplomatique ou consulaire de France, ou dans les formes de la loi étrangère devant l'autorité étrangère ; il a le choix.

Il ne l'a pas, au contraire, s'il épouse une étrangère ; l'autorité étrangère est seule compétente.

Le mariage contracté à l'étranger doit être transcrit, dans le délai de trois mois, sur les registres de l'état civil de la commune du dernier domicile du Français ainsi marié ; à défaut de cette transcription, un jugement du tribunal civil devient nécessaire.

La leçon prochaine sera consacrée aux obligations qui naissent du mariage, c'est-à-dire aux droits et devoirs des époux, indiqués dans ce chapitre du code dont le maire donne lecture aux parties.

XIVe LEÇON

OBLIGATIONS QUI NAISSENT DU MARIAGE.

Messieurs, nous avons fait un mariage à notre dernière leçon, il s'agit de voir aujourd'hui quelles seront les principales conséquences de ce mariage.

En d'autres termes, dans une première leçon sur cette matière du mariage, nous avons examiné ce qui se passe avant, c'est-à-dire les conditions requises pour que l'union soit valable ; puis, dans une seconde leçon, nous avons vu comment se célèbre un mariage et comment le souvenir s'en perpétue au moyen de l'acte de l'état civil ; aujourd'hui, nous allons voir ce qui se passe après, c'est-à-dire que nous allons étudier les droits et les devoirs respectifs des époux, les *obligations qui naissent du mariage.*

Ces obligations sont de deux sortes : il y a celles que les époux contractent l'un envers l'autre, et il y a celles qu'ils contractent envers d'autres personnes, ou que d'autres personnes contractent envers eux.

Commençons notre étude par les obligations que contractent les époux l'un envers l'autre.

Il nous faut encore ici établir une division, car il y a les devoirs qui sont communs aux deux époux, et ceux qui sont particuliers à chaque époux.

Devoirs communs aux deux époux. — Les époux se doivent mutuellement fidélité, secours et assistance.

Le *devoir de fidélité* n'est pas un devoir purement moral ; la loi en garantit l'observation par une sanction pénale.

Il est commun aux deux époux, sans aucun doute, mais il existe avec plus d'énergie pour la femme que pour le mari ; car la femme infidèle est plus sévèrement punie que le mari infidèle.

L'infidélité de la femme autorise le mari à demander la séparation de corps, en quelque lieu que la femme se soit rendue coupable de cette infidélité, qui constitue par elle-même, en dehors de toute question de circonstance, une injure grave pour le mari.

Au contraire, la femme ne pourra demander la séparation de corps contre son mari infidèle, que si l'infidélité de celui-ci a été commise dans le domicile conjugal.

De plus, la femme, infidèle en quelque lieu que ce soit, est punie de l'emprisonnement pendant 3 mois au moins et 2 ans au plus. Le mari infidèle n'encourt aucune peine, à moins qu'il ne l'ait été dans le domicile conjugal, et dans ce cas, il ne subit jamais de prison (à moins qu'il ne soit en même temps complice d'un autre adultère) ; la peine qui lui est infligée est une amende de 100 francs à 2,000 francs.

La raison de ces différences, Messieurs, est double :

D'abord, la femme est tenue, par son sexe et par nos mœurs, à plus de réserve que l'homme, et si elle manque à cette réserve, elle blesse davantage la morale et l'ordre public.

Ensuite, elle peut donner le jour à des bâtards, qui viendront au foyer domestique prendre place comme enfants légitimes et qui partageront la fortune ou le produit du travail du mari avec les véritables enfants de celui-ci ; en un mot, la femme peut, en trompant son mari, lui imposer des enfants qui ne sont pas les siens ; le mari ne le peut jamais.

Je vous parle en ce moment, Messieurs, comme un légiste ; car, aux yeux du moraliste, je dois vous dire que l'adultère est toujours funeste et odieux, qu'il ait été commis par l'un ou par l'autre des époux.

Le *devoir de se donner des secours* consiste en ceci : l'époux riche doit venir en aide à l'époux qui ne l'est pas, et cela est si vrai, que la femme, quoique séparée de biens, doit supporter toutes les charges du mariage, quand il ne reste rien au mari.

Quant à la séparation de corps, qui laisse subsister le mariage en ne supprimant que la communauté de l'habitation, elle laisse par cela même subsister toutes les obligations qui découlent du mariage. Ainsi, l'époux, coupable d'infidélité, contre lequel a été prononcée la séparation de corps, peut, s'il est dans le besoin, exiger une pension alimentaire proportionnée aux ressources de l'époux qu'il a outragé.

Le *devoir d'assistance* s'applique aux soins personnels qu'un époux valide doit à son conjoint malade, infirme, etc., aux marques d'affection et de dévouement qui peuvent lui faire supporter son état de souffrance. Si ce devoir n'était pas accompli, l'époux, abandonné et laissé sans soins, pourrait demander la séparation de corps, car un tel abandon constituerait une injure grave.

Devoirs particuliers à chaque époux. — *Le mari doit protection à sa femme;* il est en effet le plus fort. *La femme doit* *obéissance à son mari*, et cela, Messieurs, précisément pour rendre possible la protection qui lui est due par son mari.

Le devoir d'obéissance imposé à la femme entraîne pour elle l'obligation d'habiter avec son mari, et de le suivre partout où il juge à propos de résider, même à l'étranger.

Réciproquement, le mari est tenu de recevoir sa femme chez lui et de l'y traiter convenablement, selon ses facultés et son état.

Quelle est la sanction de ces obligations ? C'est que le mari pourrait obliger sa femme à habiter avec lui, en l'y faisant conduire, même par la force armée ; c'est que la femme, chassée par son mari du toit conjugal, pourrait demander et obtiendrait une pension alimentaire, si même elle n'obtenait la séparation de corps pour cause d'injure grave.

Nous allons passer, Messieurs, à l'examen d'une question importante, celle de l'*incapacité de la femme mariée*.

Dès qu'une fille majeure se marie, ou qu'une veuve, également majeure, se remarie, la capacité qu'elle avait de faire ses propres affaires, cesse immédiatement ; elle devient incapable, dans la plupart des cas, d'agir sans l'autorisation de son mari ou de la justice. Pourquoi ?

Le Code ne donne pas de raisons ; les jurisconsultes ont essayé d'en donner une. Les uns ont dit : c'est uniquement à cause de la faiblesse et de l'inexpérience naturelles de la femme. Mauvaise raison, Messieurs : car la loi lui reconnaissait hier encore, quand elle était fille ou veuve majeure, la capacité, malgré cette faiblesse et cette inexpérience prétendues ; de plus, si son mari meurt avant elle, la loi lui donne la tutelle de ses enfants ; et même, si le mari devient lui-même incapable et interdit, c'est elle qui est la tutrice de son mari.

Les autres ont dit : c'est uniquement à cause de l'obéissance que la femme doit à son mari. La raison n'est pas beaucoup meilleure, car ce n'est pas au mari seul que la loi donne le droit de faire annuler des actes passés par sa femme à son insu ; la femme elle-même peut demander cette annulation, et la femme d'un homme condamné doit demander l'autorisation de la justice pour faire les actes que, fille ou veuve majeure, elle eût pu faire seule ; enfin, d'exemples semblables, on tire la conséquence que la loi met toujours l'intérêt matériel de la femme au-dessus de l'intérêt purement moral qu'a le mari à être le maître dans sa maison.

Pourquoi donc cette incapacité de la femme mariée, qu'on réussit si mal à expliquer ? Eh ! Messieurs, pour les deux raisons réunies, si médiocres qu'elles paraissent ! Le Code a suivi un système mixte, dans lequel il a voulu, tout à la fois, garder intacte la puissance maritale, et protéger la faiblesse de la femme, faiblesse souvent réelle, quand cette faiblesse peut engendrer des maux qui n'atteindraient pas qu'elle seule.

Je ne vais pas entrer dans le détail de l'examen des cas où la femme ne peut agir sans l'autorisation, soit de son mari, soit de la justice, ou de ceux où elle peut agir sans autorisation. Je vais me borner à vous donner quelques indications sommaires tirées des articles du Code que l'officier public lit aux futurs époux, au moment de la célébration du mariage.

La femme ne peut soutenir un procès, soit comme demanderesse, soit comme défenderesse, sans l'autorisation de son mari, même quand elle est marchande pour son propre compte ; cependant, cette autorisation n'est pas nécessaire quand elle est poursuivie en matière criminelle ou de police.

Comme il faut protéger la femme contre un refus déraisonnable, pouvant porter préjudice à ses intérêts, elle peut demander aux juges l'autorisation que le mari ne veut pas lui donner.

Si la femme est marchande, faisant un commerce séparé, elle peut, sans l'autorisation de son mari, s'obliger pour ce qui concerne son négoce, et, dans ce cas, elle oblige aussi son mari, s'il y a communauté entre eux ; et cela est juste, car, si elle fait un commerce séparé, c'est en vertu d'une autorisation générale que lui a donnée son mari, lequel a dû en prévoir toutes les conséquences.

La femme, dont le mari n'aurait pas 21 ans, doit demander l'autorisation de soutenir une action en justice, non à son mari, mais à l'autorité judiciaire.

Enfin, la femme n'a pas d'autorisation à demander à son mari pour faire son testament ; si une pareille autorisation était nécessaire, vous comprenez bien qu'il n'y aurait plus de liberté pour elle, et qu'elle serait forcée de tester en faveur de son mari.

Résumons, Messieurs, les droits et les devoirs qui naissent du mariage, et qui s'établissent entre les deux époux (vous les connaissez tous excepté un, le dernier) :

1° Devoirs réciproques de fidélité, secours, assistance ;

2° Puissance maritale, incapacité de la femme ;

3° Même habitation pour les époux, même domicile ;

4° Même nationalité ;

5° Hypothèque légale de la femme sur les biens de son mari ;

6° Droit réciproque de successibilité, à défaut d'héritiers au degré successible.

Nous arrivons, Messieurs, aux rapports qui naissent du mariage et qui s'établissent entre les époux et d'autres personnes.

D'abord, *entre les époux et les enfants* (je ne fais qu'une énumération) :

Légitimité des enfants issus du mariage ;

Légitimation des enfants naturels, nés et reconnus avant le mariage ;

Obligation pour les époux d'élever leurs enfants ;

Dette alimentaire et réciproque entre les père et mère et leurs enfants ;

Puissance paternelle, et enfin droit et devoir de tutelle.

Ensuite, *entre les époux et leurs ascendants :*

Cessation de la puissance paternelle, si les époux sont mineurs ; le mariage les émancipe ;

Enfin, *entre chacun des époux et les parents de l'autre :*

Alliance et incapacité, quant au mariage, entre certains alliés ;

Dette alimentaire et réciproque entre les gendres et brus, d'une part, les beaux-pères et belles-mères, d'autre part.

Tous ces effets ne sont pas, à proprement parler, des effets du mariage, ce sont aussi des effets de la paternité et de la filiation, car plusieurs d'entre eux existent dans la filiation naturelle, c'est-à-dire dans celle qui ne procède pas du mariage.

Examinons-en quelques uns.

Les époux *contractent ensemble*, par le fait seul du mariage, l'obligation de *nourrir*, *entretenir* et *élever* leurs enfants ; ce qui veut dire : non-seulement les nourrir, les vêtir et les loger, soit chez eux, soit chez toute autre personne à laquelle ils les confient, depuis la nourrice ou la crèche, jusqu'au maître de pension ou au patron d'apprentissage, mais encore les mettre en état, par une éducation convenable, appropriée à leur situation dans la société, de pourvoir eux-mêmes à leurs besoins.

Ah ! Messieurs, on réclame, avec raison selon moi, l'instruction obligatoire en France; c'est presque le seul pays européen où elle n'existe pas; en vérité, une loi spéciale ne paraît pas nécessaire, et il semble, en présence de l'article du Code civil que je viens de vous citer, qu'il suffirait d'un règlement d'administration publique, commentant énergiquement cet article.

L'obligation d'élever les enfants n'est pas purement morale, elle est civilement obligatoire; il n'en est pas de même de leur établissement, soit par le mariage, soit par l'achat d'un fonds de commerce : cette obligation est purement morale, le Code a pris le soin de s'en expliquer nettement.

La *dette alimentaire*, dont j'ai déjà eu l'occasion de vous dire le nom, a ceci de particulier qu'elle existe toujours avec réciprocité : celui-là seul doit des aliments à son parent dans le besoin, qui aurait le droit d'en exiger de lui, en pareil cas. Je dis *toujours avec réciprocité*, parce qu'il n'y a qu'une exception à cette règle, et cette exception est telle qu'on peut lui appliquer le vieil adage : l'exception prouve la règle. Je vous parlerai bientôt de cette exception.

La dette d'aliments existe entre ascendants et descendants, à quelque degré que ce soit, et entre alliés au rang d'ascendants ou de descendants, également à quelque degré que ce soit.

Elle n'existe pas entre frères et sœurs, ni autres collatéraux plus éloignés, bien qu'ils héritent les uns des autres. Il n'y a donc pas de rapprochement à faire entre les droits de succession et la dette alimentaire. Cette dette ne provient que du grand principe que vous savez : « l'enfant à tout âge doit honneur et respect à ses parents » (ce ne serait pas les respecter ou les honorer que les laisser mendier ou mourir de faim); et aussi du principe qu'on doit pourvoir aux besoins de ceux à qui l'on a, directement ou indirectement, donné l'existence.

Voici l'exception dont je vous parlais tout à l'heure. La belle-mère qui se remarie, perd ses droits à être alimentée par son gendre, et cependant elle lui doit, quand même, des aliments. C'est qu'elle change de famille à un âge avancé, et que souvent ce second mariage aurait pour but principal de se libérer de la dette alimentaire.

La loi a réglé minutieusement les détails relatifs à cette dette : l'ordre à suivre entre les personnes à qui elle peut être réclamée, les cas où elle est due, son quantum et la manière de s'en acquitter. En tous cas, un principe domine toute cette matière : *c'est que la loi n'accorde pas une prime à la paresse.*

Ici s'arrêteront, Messieurs, nos études sur le mariage et sur ses conséquences. Les leçons qui vont suivre traiteront de matières très-différentes.

XVe LEÇON

NOTIONS SOMMAIRES

SUR LES BIENS, LA PROPRIÉTÉ ET LES SUCCESSIONS.

Messieurs, nous avons suivi pas à pas, dans son existence, l'homme que nous avons pris pour type, dont nous avons fait, pourrait-on dire, le pivot de ce cours de législation usuelle.

Nous l'avons vu enfant, apprenti, soldat; nous l'avons marié, et le voilà à son tour père de famille. Il semble donc que nous soyons revenus à notre point de départ, et que le cercle de cet enseignement soit complet.

Il n'en est rien, Messieurs, et j'ai encore quelques notions utiles à vous donner.

En effet, qu'avons-nous étudié dans la vie de cet homme? rien que sa *personne*, c'est-à-dire son état, sa condition, sa capacité dans les diverses situations qu'il a occupées. Nous avons constaté son existence, mais non les conditions de cette existence.

C'est un fait que nul de vous n'ignore, que pour vivre, il

faut de l'argent : quand on n'en a pas sans rien faire, et c'est le plus petit nombre qui se trouve dans ce cas, il faut travailler pour en avoir, parce que c'est seulement avec de l'argent, plus ou moins, qu'on se procure tout ce qui est nécessaire à la vie, aliments, vêtements, logement, etc.

Cet argent, dont je vous parle, porte, dans la langue du droit, un autre nom, un nom plus général, celui de *biens;* nous chercherons ensemble à bien saisir le sens de ce mot.

Quand nous serons fixés à cet égard, nous verrons comment on acquiert la *propriété* des biens, et parmi les différentes manières d'acquérir cette propriété, nous examinerons spécialement celles qui sont le plus communes, celles qui peuvent intéresser les hommes vivant de leur travail : les *successions* et les *contrats*.

Assurément, je ne prétends pas vous enseigner tout ce qui a trait aux biens, à leur propriété, aux successions et aux contrats. Je ne veux que vous donner sur ces matières importantes des idées justes, pour vous mettre mieux en état de comprendre l'étude plus détaillée que je me propose de faire de certains contrats, et principalement du contrat de louage.

Qu'est-ce que les **biens**? Ce sont les choses susceptibles d'entrer dans le patrimoine de quelqu'un.

Tous les *biens* sont des *choses*, mais toutes les *choses* ne sont pas des *biens*. Ainsi, l'air, la lumière et les astres qui nous donnent cette lumière, sont des choses dont il est certain qu'il nous serait impossible de nous passer, mais ce ne sont pas des biens, parce que ces choses sont destinées à l'usage de tous, et que nul ne peut les posséder à l'exclusion des autres hommes.

Si l'on considère les biens en eux-mêmes, sans se préoccuper de leurs rapports avec les personnes, on trouve qu'ils sont corporels ou incorporels, mobiliers ou immobiliers.

Les biens *corporels* sont ceux qui ont un corps et qui peuvent être saisis par l'un de nos sens, par exemple, un champ, une maison, un cheval, une table, etc.

Les biens *incorporels* sont ceux au contraire qui n'ont pas de corps susceptible de frapper l'un de nos sens, et qui ne peuvent être compris que par un effort de notre esprit : telle est, par exemple, une créance. Supposons que l'un de vous a prêté une somme d'argent à l'un de ses amis, lequel ne lui a pas même donné de reçu écrit : la créance n'en existe pas moins au profit du prêteur, qui a dès lors la propriété d'un bien incorporel.

Cette distinction est moins pratique que la division en meubles et immeubles. Celle-ci domine toute la législation française. Je vais vous en donner quelques exemples : la saisie d'un immeuble exige des délais plus longs, des formalités plus compliquées que la saisie d'un meuble ; l'aliénation des meubles par le tuteur, par le mari, par la femme mariée, est souvent permise, alors que l'aliénation des immeubles leur est défendue, etc.

Qu'est-ce donc que les immeubles ? Et qu'est-ce que les meubles ?

Les *immeubles* sont les biens que la nature ou l'homme ont rendus intransportables d'un lieu dans un autre, tels que les fonds de terre, les bâtiments, les bois et forêts, etc. Ce sont aussi les objets mobiliers qu'une attache sérieuse unit à un fonds de terre, à une maison : ainsi, les appareils nécessaires à l'exploitation d'une usine, les glaces et tableaux dont le cadre fait corps avec la boiserie d'un appartement, etc.

Ce sont, enfin, certaines choses incorporelles, telles que des droits, lorsque ces droits ont pour objet un immeuble ;

ainsi, le droit de puiser de l'eau dans le puits du voisin, ou de passer sur le terrain du voisin pour entrer chez soi.

En résumé, trois classes d'immeubles : les immeubles par leur nature, les immeubles par leur destination, et les immeubles par l'objet auquel ils s'appliquent.

Quant aux *meubles*, ce sont tous les biens qui ne sont pas des immeubles. On en compte deux classes : les meubles par leur nature et les meubles par la détermination de la loi.

Les meubles par leur nature sont les objets qui peuvent se transporter d'un lieu dans un autre ; peu importe qu'ils puissent se mouvoir par eux-mêmes, comme les animaux, ou qu'ils ne puissent être changés de place que par la main de l'homme, comme les choses sans vie. Ainsi, sont meubles, les chevaux, les chiens, etc. ; les tables, les chaises, le linge, etc.

Les meubles par la détermination de la loi, sont les droits qu'on peut avoir sur des objets mobiliers ; ainsi, dans l'exemple que je vous citais, il n'y a qu'un instant, le droit que vous avez de réclamer à votre ami la somme d'argent que vous lui avez prêtée, est un meuble par la détermination de la loi ; il en est de même de la créance qu'un ouvrier a sur le maitre qui l'a fait travailler : le salaire de l'ouvrier, les appointements de l'employé, tout cela rentre dans la classe des biens mobiliers. Il faut aussi comprendre dans cette classe, sauf de rares exceptions, toutes les valeurs mobilières, telles que les actions et obligations de villes, de chemins de fer, les livrets de la Caisse d'épargne, etc.

Si l'on examine les biens dans leurs rapports avec les personnes qui en ont la propriété, on trouve qu'ils se divisent en deux grandes classes : les biens qui appartiennent à des personnes *privées*, et les biens qui appartiennent à des personnes *publiques*.

Les personnes privées, ce sont, bien entendu, les particuliers : vous, moi, votre voisin, etc.

Les personnes publiques, ce sont l'Etat, les départements, les communes, les établissements publics.

Après avoir classé les biens, la loi s'occupe des droits qu'on peut avoir sur eux.

Autrefois, le droit féodal faisait peser sur la propriété une multitude de droits réels, véritables entraves au développement de la richesse et de la sécurité publiques.

La Révolution de 1789, là aussi, a fait sentir sa bienfaisante influence, car c'est elle qui a affranchi la propriété de toutes ces entraves.

Elle n'a laissé subsister d'autres droits sur les biens que les suivants :

1° Le droit de propriété ; 2° les droits de jouissance, c'est-à-dire l'usufruit, l'usage et l'habitation, autrement dit, les servitudes en faveur d'une personne déterminée ; 3° les services fonciers ou servitudes sur un fonds en faveur d'un autre fonds ; 4° enfin, certains autres démembrements du droit de propriété, tels que les droits de possession, de gage, de privilége et d'hypothèque.

Le cadre de ce cours ne me permet pas, Messieurs, d'entrer à l'égard de ces divers droits dans de longs développements ; je me bornerai donc à vous dire un mot du principal de ces droits, le droit de **propriété**.

On a donné de la propriété bien des définitions, dont quelques-unes sont assez fantaisistes. Je vais essayer de

vous faire comprendre la légitimité, mieux encore : la nécessité de la propriété.

On peut dire que l'idée de propriété se retrouve dans tous
les temps et chez tous les peuples ; elle correspond donc à
un véritable besoin de l'homme.

Le Code définit ainsi la propriété : le droit de jouir et de
disposer des choses de la manière la plus absolue, pourvu
qu'on n'en fasse pas un usage prohibé par les lois ou les
règlements.

Il faut ajouter que cette faculté accordée à une personne
de retirer de sa chose toute l'utilité qu'elle peut donner,
entraîne l'obligation pour toute autre personne de ne pas
toucher aux produits de cette chose, et de ne pas gêner le
droit du propriétaire. Cette obligation n'est pas purement
morale, la société intervient pour la faire exécuter, ce qui
revient à dire que la propriété ne peut exister réellement
que dans une société bien organisée.

Que penseriez-vous d'une société où l'homme ne pourrait
consommer en paix ou accumuler pour l'avenir les produits
de son travail, sans avoir à les défendre, les armes à la
main, contre les convoitises des autres hommes ? Où serait
dans ce cas l'attrait du travail ? Sans le travail qui développe et perfectionne les intelligences, sans l'intérêt individuel qui fait aimer le travail, sans la propriété enfin, qui
est la forme sensible de l'intérêt individuel, quelle société
pourrait subsister ?

Les idées de *société* et de *propriété* sont donc des idées inséparables, et l'on a pu dire que là où la propriété n'existe
qu'à l'état imparfait, la société n'existe pour ainsi dire pas,
et que le communisme, c'est l'indigence et l'anarchie.

La loi a donc organisé avec beaucoup de sollicitude la

défense, la protection de la propriété, et principalement la manière de l'acquérir.

Avant d'entamer cette importante question, je dois compléter les notions sommaires que je désire vous donner sur la propriété, par l'énoncé de deux principes inscrits dans le Code civil, à la suite de la définition du droit de propriété.

I. — Nul ne peut être contraint de céder sa propriété, si ce n'est pour cause d'utilité publique, et moyennant une juste et préalable indemnité.

Il faut, en effet, Messieurs, que l'intérêt particulier s'efface devant l'intérêt général.

II. — La propriété d'une chose, soit mobilière, soit immobilière, donne droit sur tout ce qu'elle produit, et sur ce qui s'y unit accessoirement, soit naturellement, soit artificiellement.

Ainsi, la propriété d'une maison donne droit d'en percevoir les loyers, la propriété d'une créance donne droit d'en toucher les intérêts, la propriété d'une vache donne droit de tirer profit de son veau, enfin la propriété du sol emporte celle du dessus et du dessous, c'est-à-dire le droit de tuer l'oiseau qui vole au-dessus de ce sol, et de puiser l'eau qui coule souterrainement au-dessous de ce sol; je ne vous donne ici que quelques exemples.

Comment s'acquiert la propriété des biens ? Elle s'acquiert et se transmet, nous dit le Code, *par succession, par donation entre-vifs ou testamentaire, et par l'effet des obligations.*

Le Code indique encore différentes manières d'acquérir la propriété, mais elles sont d'un usage moins général, moins fréquent. Je ne vous en parlerai donc pas, me contentant de vous dire, à cette occasion, que des lois particulières, des règlements de police ont déterminé les droits qu'on peut avoir sur les choses perdues dont le maître ne se représente pas, et que celui-là commet un vol, qui s'approprie une chose trouvée par lui, si minime qu'elle soit : son devoir est d'en rechercher le maître, c'est-à-dire dans la pratique de la déposer dans les mains d'un commissaire de police ; si le propriétaire ne se représente pas, la chose est rendue, après un délai déterminé par des règlements, à celui qui l'a trouvée, et alors il en devient le légitime propriétaire.

Celui qui est propriétaire d'une chose a le droit, vous ai-je dit, d'en disposer à son gré ; il peut même la détruire. Il peut, à plus forte raison, en disposer en faveur de quelqu'un, soit pour le temps où il ne sera plus, soit même pendant qu'il vit encore.

Dans le premier cas, il en dispose par un testament ; dans le second cas, par un acte de donation entre-vifs.

S'il n'a usé d'aucun de ces moyens, c'est la loi qui indique, en son lieu et place, celui qui acquerra la propriété des biens qu'il laisse ; autrement dit, la loi règle sa **succession.**

Les successions s'ouvrent par la mort naturelle, et ceux que la loi appelle à les recueillir sont appelés des *héritiers*.

La loi ne considère ni la nature ni l'origine des biens pour en régler la succession ; elle ne s'inquiète que du degré de parenté de ceux qui se présentent pour recueillir un héritage. Elle est extrêmement favorable à ce sentiment si naturel qui porte l'homme à accumuler les produits de son travail pour laisser plus de bien-être à ses enfants ; et lorsque, par exception, le sentiment contraire se manifeste, lorsqu'un individu veut, par une donation entre-vifs ou testamentaire, avantager l'un de ses enfants au détriment des autres, ou même enrichir une personne étrangère au détriment de ses enfants, la loi ne permet pas à cet individu de dépasser une certaine limite, et, s'il la dépasse, elle réduit les libéralités qu'il a faites à ce qu'elle nomme la *quotité disponible*, de façon que les enfants recueillent la plus grosse part de l'héritage paternel, laquelle part prend le nom de *réserve*.

Pour compléter ces notions générales, j'ajouterai que les donations entre-vifs sont irrévocables par celui qui les a faites, et qu'on ne peut disposer par testament ou par donation, quand on n'a pas atteint un certain âge, ou qu'on se trouve dans certaines situations relatives, qu'il n'entre pas dans le cadre de ce cours de vous exposer avec détail.

Supposons qu'une personne décédée n'a fait, ce qui est le cas le plus fréquent, ni testament, ni donation entre-vifs. Comment la loi règlera-t-elle sa succession? dans quel ordre appellera-t-elle ses parents à lui succéder?

Il faut, Messieurs, vous reporter au tableau de famille que je vous ai tracé dans l'une des précédentes leçons.

Cette succession sera déférée d'abord aux enfants et descendants du défunt, puis à ses ascendants et à ses collatéraux.

Les enfants ou leurs descendants succèdent à leurs père et mère, aïeuls, aïeules, ou autres ascendants, sans distinction de sexe ou de primogéniture (ce qui veut dire qu'il n'y a plus de droit d'aînesse dans la législation moderne), et encore qu'ils soient issus de différents mariages.

Ils succèdent par égale portion et par tête, quand ils sont tous au premier degré et appelés de leur chef; ils succèdent par souche, lorsqu'ils viennent tous ou en partie par *représentation*. Ce mot demande une explication :

Je suppose que Pierre, qui a eu trois enfants, Jacques, Jean et Marie, meurt, laissant un seul de ces enfants, Jacques; un petit-fils, Paul, enfant de Jean prédécédé ; une petite-fille Julie, enfant de Marie prédécédée, et deux arrière-petits-fils, Henri et Joseph, enfants eux-mêmes d'un fils prédécédé de Marie.

La succession de Pierre se divisera en trois parts ; la première part sera attribuée à Jacques, qui est appelé, de son chef, à succéder à son père ; la seconde part sera attribuée à Paul, qui est appelé, par représentation de Jean, à succéder à son grand-père ; enfin la troisième part se partagera en deux portions égales, l'une dévolue à Julie, appelée, par représentation de Marie, sa mère, à succéder à son grand-père ; l'autre, qui se partage encore en deux, dévolue à Henri et Joseph, appelés, par une double représentation de leur père d'abord, puis de leur grand'mère Marie, à succéder à leur arrière-grand-père.

La représentation a lieu à l'infini dans la ligne directe descendante.

Elle n'a pas lieu pour les ascendants : le plus proche, dans chacune des deux lignes paternelle et maternelle, exclut toujours le plus éloigné.

Elle a lieu par exception dans la ligne collatérale pour les enfants et descendants des frères ou sœurs du défunt, c'est-à-dire pour ses neveux et nièces.

Si le défunt n'a laissé ni postérité, ni frère, ni sœur, ni descendants d'eux, la succession se divise par moitié entre les ascendants de la ligne paternelle et les ascendants de la ligne maternelle. Les ascendants au même degré succèdent par tête.

A défaut de postérité, s'il y a, à la fois, des ascendants au rang de père ou de mère, et des frères ou sœurs ou descendants d'eux, la succession se partage de manière que le père ou la mère vivant encore, recueille un quart, soit la moitié pour les deux, et le surplus (moitié ou trois quarts, selon le cas) est dévolu aux frères, sœurs, neveux ou nièces.

Quant aux autres ascendants, aïeul, aïeule, et ainsi de suite en remontant, la loi ne les appelle à recueillir la moitié de la succession dévolue à leur ligne, que s'il n'existe ni postérité, ni frères, ni sœurs, ni descendants d'eux.

Enfin, à défaut d'ascendants, de frères, sœurs, neveux, nièces, etc., la loi appelle à recueillir la succession les autres collatéraux, ceux qu'on désigne communément sous le nom de cousins.

Le plus proche dans chaque ligne recueille la moitié de la succession; les parents au delà du douzième degré ne succèdent pas; et à défaut de parents au degré successible dans une ligne, les parents de l'autre ligne succèdent pour le tout.

Tout ce qui précède, Messieurs, ne s'applique qu'à la parenté légitime. Vous devez vous souvenir, d'ailleurs, qu'il n'y a de parenté naturelle qu'en ligne directe, et seulement entre l'enfant naturel et le père ou la mère qui l'a reconnu; cependant la loi admet que l'enfant naturel reconnu puisse être représenté par ses enfants et descendants.

Le Code range donc les enfants naturels (je parle des enfants naturels simples, ceux qu'on eût pu légitimer, et non des autres, ces malheureux, qui n'ont aucun droit sur les biens de ceux qui les ont mis au monde), le Code range donc les enfants naturels, non parmi les héritiers, mais parmi les successeurs irréguliers. Il ne leur accorde de droit sur les biens de leur père ou mère décédés, que lorsqu'ils ont été légalement reconnus; il ne leur accorde aucun droit sur les biens des parents de leur père ou mère.

Le droit de l'enfant naturel sur les biens de ses père ou mère décédés subit encore, par le fait de sa naissance irrégulière, de notables réductions :

S'il y a des descendants légitimes, ce droit est d'un tiers de la portion héréditaire que l'enfant aurait eue s'il eût été légitime. Il est de la moitié lorsque les père ou mère ne laissent pas de descendants, mais bien des ascendants ou des frères ou sœurs; il est des trois quarts lorsque les père ou mère ne laissent ni descendants, ni ascendants, ni frères, ni sœurs; enfin l'enfant naturel a droit à la totalité des biens, seulement lorsque ses père ou mère ne laissent pas de parents au degré successible : ce qui revient à dire que l'existence d'un parent au 12ᵉ degré, le plus souvent d'une personne qu'on ne connaît pas ! enlève à l'enfant naturel un quart des biens du père ou de la mère qui l'a reconnu. Et la loi entend que, sous ce rapport, ses prescriptions soient respectées, car elle dit un peu plus loin : « les enfants naturels ne pourront, par donation entre-vifs ou par testament, rien recevoir au delà de ce qui leur est accordé au titre des *successions* », c'est-à-dire au delà de ce que je viens de vous expliquer.

Il y a d'autres successeurs irréguliers que l'enfant naturel : il y a l'époux survivant, assez maltraité par la loi, puisqu'elle lui préfère, non-seulement l'enfant naturel, ce qui s'expliquerait aisément, mais encore le parent au 12ᵉ degré !

Enfin, à défaut de parents et de conjoint survivant, la succession est acquise à l'État, à qui appartiennent, en principe, les biens qui n'ont pas de maître.

Messieurs, parmi les différentes manières d'acquérir la propriété des biens, il nous en reste une à examiner : celle que le Code appelle *l'effet des obligations*, autrement dit les *contrats*. Ce sera l'objet de la leçon suivante.

XVIᵉ LEÇON

RÈGLES COMMUNES A TOUS LES CONTRATS.

Messieurs, vous devez vous souvenir qu'au moment d'entrer dans une explication détaillée de la loi sur le contrat d'apprentissage, j'ai pris soin de vous donner une idée de ce qu'était un contrat.

Je veux aujourd'hui revenir sur cette question, et vous la faire bien connaître.

Quand nous aurons étudié les règles communes à tous les contrats, il vous sera plus facile de comprendre les règles particulières à chacun d'eux, et nous passerons successivement en revue les contrats de mariage, de vente ou d'échange, de louage, etc. Je dois vous prévenir d'avance que je m'étendrai un peu plus sur ce dernier contrat que sur les autres, et que j'aurai là deux questions distinctes à traiter : le louage d'industrie et le louage des choses.

La première question que nous devons nous poser est celle-ci : qu'est-ce qu'un **contrat** ?

Le mot *contrat* vient du latin et signifie littéralement *traité avec*. C'est donc un traité, une convention que fait une personne avec une autre, ou que font plusieurs personnes avec plusieurs autres. Voici la définition du Code :

« Le contrat est une convention par laquelle une ou plusieurs personnes s'obligent, envers une ou plusieurs autres, à donner, à faire ou à ne pas faire quelque chose. »

On distingue les contrats de différentes façons. Il y a d'abord la division en contrat *bilatéral* et contrat *unilatéral*. Voici l'intérêt de cette division : l'écrit qui est destiné à fournir la preuve du contrat devra être fait en double original dans le premier cas, en simple original dans le second cas. Il faut cependant faire une exception pour les actes notariés, parce que le notaire est, pour les deux parties contractantes, le conservateur de la preuve originale, qu'on appelle une *minute*, et que les expéditions qu'il en délivre sont très-suffisantes pour les parties, puisqu'on peut toujours se reporter à la minute classée dans les archives du notaire.

Le contrat est bilatéral lorsque les contractants s'obligent réciproquement les uns envers les autres; exemples : la vente, le louage, le contrat de mariage, etc. Il est unilatéral lorsqu'une ou plusieurs personnes sont obligées envers une ou plusieurs autres, sans que, de la part de ces dernières, il y ait d'engagement; exemples : le prêt d'une somme d'argent, le billet à ordre, etc.

On divise encore les contrats en contrats commutatifs ou aléatoires, contrats de bienfaisance ou à titre onéreux.

Le contrat est *commutatif* lorsque chacune des parties s'engage à donner ou à faire une chose qui est regardée comme l'équivalent de ce qu'on lui donne, ou de ce qu'on fait pour elle; exemples : la vente, le louage, etc.

Lorsque l'équivalent consiste dans la chance de gain ou

de perte pour chacune des parties, d'après un événement incertain, le contrat est *aléatoire;* exemples : le contrat d'assurances, le contrat de rente viagère, le jeu et le pari, etc. A l'égard du jeu et du pari, une observation est nécessaire: la loi n'accorde aucune action pour une dette de jeu ou le paiement d'un pari; cependant elle admet, quand la somme n'est pas excessive, qu'une obligation prenne naissance à l'occasion des jeux qui tiennent à l'adresse et à l'exercice du corps, tels que les courses à pied ou à cheval, le jeu de paume et autres analogues.

Le contrat *de bienfaisance* est celui dans lequel l'une des parties procure à l'autre un avantage purement gratuit; exemples : la donation entre-vifs, le prêt sans intérêt, etc.

Le contrat *à titre onéreux* est celui qui exige, pour sa formation, que chacune des parties donne et reçoive quelque chose; exemples : la vente, le louage, le prêt à intérêt, etc.

Tous les contrats sont soumis à certaines règles générales; je vais vous indiquer les principales de ces règles.

Je vous ai déjà dit que quatre conditions sont essentielles pour la validité d'un contrat. Ces quatre conditions sont : 1° le consentement de la partie qui s'oblige; 2° sa capacité de contracter; 3° un objet certain qui forme la matière de l'engagement; 4° une cause licite dans l'obligation.

Du consentement. — Il n'y a point de consentement valable, si le consentement n'a été donné que par erreur, ou s'il a été extorqué par violence ou surpris par dol (ou ruse).

L'*erreur* n'est une cause de nullité de la convention que lorsqu'elle tombe sur la substance même de la chose qui en est l'objet.

Elle n'est point une cause de nullité, lorsqu'elle ne tombe que sur la personne avec laquelle on a l'intention de contracter, à moins que la considération de cette personne ne soit la cause principale de la convention (comme pour le choix d'un maître d'apprentissage).

La *violence* exercée contre celui qui a contracté l'obligation, ou contre l'un des siens, époux ou épouse, ascendant ou descendant, est une cause de nullité du contrat, même lorsqu'elle a été exercée par une personne autre que celle au profit de qui la convention a été faite.

Il y a violence, lorsqu'elle est de nature à faire impression sur un individu raisonnable, et qu'elle peut lui inspirer la crainte d'exposer sa personne, celle de ses proches, ou sa fortune, à un mal considérable et présent.

On a égard, en cette matière, à l'âge, au sexe et à la condition des personnes.

La seule crainte révérentielle envers le père, la mère ou autre ascendant, sans qu'il y ait eu de violence exercée, ne suffit point pour annuler le contrat.

Un contrat ne peut plus être attaqué pour cause de violence, si, depuis que la violence a cessé, ce contrat a été approuvé, soit expressément, soit tacitement, soit en laissant passer le temps fixé par la loi.

Le *dol* est une cause de nullité de la convention lorsque les manœuvres pratiquées par l'une des parties sont telles, qu'il est évident que sans ces manœuvres, l'autre partie n'aurait pas contracté.

Le dol ne se présume pas, et doit être prouvé.

La convention contractée par erreur, violence ou dol, n'est pas nulle de plein droit; elle donne seulement lieu à une action en nullité.

De la capacité de contracter. — Toute personne peut contracter, si elle n'en est pas déclarée incapable par la loi;

or, ceux qu'elle déclare incapables sont : les mineurs, les interdits, et les femmes mariées dans certains cas.

De l'objet des contrats. — Il n'y a que les choses qui sont dans le commerce qui puissent être l'objet des conventions.

Pour que l'objet soit *certain*, il faut qu'il soit déterminé quant à son espèce ; ainsi, on ne peut s'engager à livrer un animal quelconque, puisque cet animal pourrait être aussi bien un rat qu'un éléphant ; mais on peut s'engager à livrer un cheval.

La quotité de la chose peut être incertaine, pourvu qu'elle puisse être déterminée ; ainsi, je puis m'engager à vous remettre autant de blé que votre grenier peut en contenir ; mais nulle serait l'obligation de vous remettre du blé, parce qu'avec une poignée de grains je pourrais me prétendre libéré envers vous.

Les choses futures peuvent être l'objet d'une obligation, mais non toutes les choses futures : car la loi défend expressément, comme immorale au premier chef, toute stipulation sur une succession qui n'est pas encore ouverte.

De la cause. — La loi déclare sans aucun effet l'obligation sans cause, ou sur une fausse cause, ou sur une cause illicite ; la cause est illicite quand elle est prohibée par la loi, ou quand elle est contraire aux bonnes mœurs ou à l'ordre public. Néanmoins une convention peut être valable, sans que la cause soit exprimée : il suffit que cette cause existe et qu'elle soit licite.

Lorsque les conventions présentent les quatre caractères essentiels que je viens de vous faire connaître, elles sont légalement formées, et, dès lors, elles tiennent lieu de loi à ceux qui les ont faites.

Elles ne peuvent être révoquées que de leur consentement mutuel, ou pour les causes que la loi autorise.

Elles doivent être exécutées de bonne foi.

Les conventions obligent non-seulement à ce qui y est exprimé, mais encore à toutes les suites que l'équité, l'usage ou la loi donnent à l'obligation d'après sa nature.

On distingue, Messieurs, *l'obligation de donner* et *l'obligation de faire ou de ne pas faire*.

L'obligation de donner comporte celle de livrer la chose et de la conserver jusqu'à la livraison, à peine de dommages et intérêts envers le créancier.

L'obligation de faire ou de ne pas faire se résout également en dommages et intérêts, en cas d'inexécution de la part du débiteur.

Les conventions n'ont d'effet qu'entre les parties contractantes ; elles ne nuisent point aux tiers, et, sauf exception, ne peuvent, non plus, leur profiter.

Les obligations sont de diverses espèces ; elles peuvent être pures et simples ; elles peuvent aussi être conditionnelles, à terme, alternatives, solidaires, divisibles ou indivisibles, enfin avec clause pénale.

Le cadre de ce cours ne me permet pas de m'étendre longuement sur les règles particulières à chacune de ces espèces d'obligations ; je vais donc me borner à vous dire le sens de ces mots.

L'obligation est *conditionnelle* lorsqu'on la fait dépendre d'un événement futur et incertain, soit en la suspendant jusqu'à ce que l'événement arrive (exemple : je vous vends ma maison si ma fille se marie), soit en la résiliant, selon que l'événement arrivera ou n'arrivera pas (exemple : je vous vends ma maison, mais la vente sera annulée si ma fille se marie).

On appelle la première de ces conditions, *suspensive*, parce qu'elle suspend l'exécution de l'obligation jusqu'à ce que l'événement arrive ; et l'on appelle la seconde condition, *résolutoire*, parce qu'elle opère la révocation de l'obligation et remet les choses au même état que si le contrat n'avait pas eu lieu.

Il est à remarquer, Messieurs, que tout contrat bilatéral sous-entend une condition résolutoire, pour le cas où l'une des parties ne satisferait pas à son engagement.

L'obligation est *à terme*, quand les parties conviennent que l'exécution du contrat aura lieu, non immédiatement, mais à une date déterminée (exemple : je vous vends ce livre, mais je ne vous le livrerai que dans un mois).

L'obligation est *alternative*, quand le débiteur peut se libérer par la délivrance, à son choix, de l'une des deux choses qui étaient comprises dans l'obligation (exemple : en échange de ce livre, je vous donnerai ma canne de jonc ou mon canif anglais).

L'obligation est *solidaire,* quand il y a plusieurs créanciers, ou plusieurs débiteurs, avec cette clause que chacun des créanciers peut réclamer le paiement du total de la créance, ou que ce paiement total peut être demandé à chacun des débiteurs, de façon que, dans le premier cas, les autres créanciers n'aient plus rien à exiger des débiteurs, et que, dans le second cas, les autres débiteurs soient libérés envers les créanciers ; sauf la division de la créance ou de la dette entre les créanciers ou les débiteurs solidaires (exemples : mon frère et moi, nous héritons d'un parent à qui vous devez 100 fr., nous devenons vos créanciers solidaires ; à l'inverse, ce parent vous devait 100 fr., nous devenons vos débiteurs solidaires).

L'obligation est *divisible* ou *indivisible* selon qu'elle a pour objet une chose qui dans sa livraison, ou un fait qui dans l'exécution, est ou n'est pas susceptible de division, soit matérielle, soit intellectuelle (exemples : l'obligation de livrer un cheval est indivisible ; mais l'obligation de payer 100 francs est divisible).

Enfin, l'obligation *avec clause pénale* est celle dans laquelle le débiteur s'engage à quelque chose en cas d'inexécution de la convention principale (exemple : je vous bâtirai une maison cette année, et, si la maison n'est pas prête le 31 décembre prochain, je vous paierai 10,000 francs).

Que les obligations soient pures et simples, ou conditionnelles, ou alternatives, etc., comment s'éteignent-elles ? Le Code énumère, Messieurs, neuf modes d'extinction ; je ne vous indiquerai que le plus ordinaire, le *paiement;* ce qui doit s'entendre, non pas seulement du paiement d'une dette d'argent, mais de la livraison de la chose due ou de l'exécution du travail convenu.

Messieurs, à côté des obligations conventionnelles dont je viens de vous esquisser les caractères principaux, je dois vous prévenir que la loi reconnaît certains engagements qui se forment sans convention, ni de la part de celui qui s'oblige, ni de la part de celui envers lequel il est obligé.

Les uns naissent de l'autorité seule de la loi, les autres d'un fait personnel à celui qui se trouve obligé. Ces derniers résultent ou des quasi-contrats, ou des délits et quasi-délits.

Voici un exemple de *quasi-contrat :* quelqu'un reçoit par erreur ou sciemment ce qui ne lui est pas dû ; par ce fait seul il est obligé à restituer ce qu'il a perçu en trop à celui qui le lui a payé.

La matière des *délits et quasi-délits* demande un peu plus de développements.

Tout fait quelconque de l'homme, qui cause à autrui un dommage, oblige celui par la faute duquel il est arrivé, à le réparer.

Chacun est responsable du dommage qu'il a causé, non-seulement par son fait, mais encore par sa négligence ou par son imprudence.

On est responsable non-seulement du dommage que l'on cause par son propre fait, mais encore de celui qui est causé par le fait des personnes dont on doit répondre, ou des choses que l'on a sous sa garde.

Ainsi, le père, et la mère après le décès du mari, sont responsables du dommage causé par leurs enfants mineurs habitant avec eux ; les maîtres et commettants, du dommage causé par leurs domestiques et préposés dans les fonctions auxquelles ils les ont employés ; les instituteurs et artisans, du dommage causé par leurs élèves et apprentis pendant le temps qu'ils sont sous leur surveillance.

Cette responsabilité a lieu, à moins que les père et mère, instituteurs et artisans, ne prouvent qu'ils n'ont pu empêcher le fait qui donne lieu à cette responsabilité.

Le propriétaire d'un animal, ou celui qui s'en sert, pendant qu'il est à son usage, est responsable du dommage que l'animal a causé, soit que l'animal fût sous sa garde, soit qu'il fût égaré ou échappé.

Le propriétaire d'un bâtiment est responsable du dommage causé par sa ruine, lorsqu'elle est arrivée par suite du défaut d'entretien ou par le vice de sa construction.

Tels sont, Messieurs, les principes posés par le Code même pour ces sortes d'engagements involontaires. Il vous sera extrêmement facile d'appliquer vous-mêmes des exemples à chacun des cas prévus par la loi, si vous voulez bien ne pas perdre de vue : 1° que les dommages à réparer peuvent aussi bien avoir eu pour objet les personnes, c'est-à-dire leur vie, leur santé, leur honneur, que les biens mobiliers ou immobiliers appartenant à ces personnes ; 2° que, sauf les cas d'une intention criminelle, ou d'une imprudence punissable, les réparations dues se résolvent toujours en ce qu'on nomme des dommages et intérêts, c'est-à-dire dans le paiement d'une somme d'argent.

Je reviens, Messieurs, à la matière des contrats et des obligations conventionnelles. Je vous ai indiqué, dans une revue que le temps dont nous disposons m'a forcé de faire trop rapide, les principales règles communes à tous les contrats. Il s'agit d'examiner maintenant les règles particulières à quelques-uns de ces contrats, tels que le contrat de mariage, la vente, l'échange, le contrat de louage, le contrat de société, le prêt, le dépôt, le mandat.

J'aborderai cette étude dans la prochaine leçon.

XVIIᵉ LEÇON

RÈGLES PARTICULIÈRES A CERTAINS CONTRATS

CONTRAT DE MARIAGE, VENTE, ÉCHANGE, CONTRAT DE SOCIÉTÉ, PRÊT, DÉPÔT, MANDAT.

Messieurs, je me propose dans cette leçon de vous montrer, à l'occasion de certains contrats, l'application des règles générales que je vous ai fait connaître dans la leçon précédente, et de vous expliquer les règles particulières à ces divers contrats.

Le **contrat de mariage**, par lequel je commencerai ces brèves explications, occupe dans le Code une place importante qu'explique sa propre importance dans la vie des hommes. Je vous rappellerai à ce sujet ce que je vous ai déjà dit : lorsque vos intérêts seront en jeu (et quels intérêts plus grands pouvez-vous avoir que ceux du règlement des affaires de votre ménage ?), faites régler ces intérêts par ceux à qui la loi a confié cet office, et qui présentent toutes les garanties désirables de savoir, de discrétion et de probité, c'est-à-dire par les notaires. Ils vous diront lequel vaut mieux pour vous, des différents régimes que la loi admet pour le règlement des affaires de deux époux : *communauté, régime dotal, régime sans communauté, séparation de biens.* Ils vous diront s'il faut que vous laissiez de côté ces quatre régimes tranchés, et que vous choisissiez un régime mixte, c'est-à-dire un régime qui soit le produit de la combinaison de plusieurs conditions empruntées à l'un ou l'autre des quatre régimes que je viens de nommer ; par exemple : le *régime de la communauté réduite aux acquets.*

Si cependant vous ne voulez pas, en vous mariant, faire de conventions spéciales, en un mot, si vous ne faites pas de contrat de mariage, soyez assurés, Messieurs, que vous en aurez un tout de même. La loi l'a fait pour vous, et vous serez mariés sous le régime de la *communauté légale :* d'après l'article 1393 du Code civil, le contrat de mariage de ceux qui n'en ont pas un spécialement fait pour eux, se trouve au dit Code, de l'article 1400 à l'article 1496.

Je m'en tiens à ces deux observations générales, en ce qui concerne le contrat de mariage (l'un des 5 contrats qui ne peuvent être faits sans solennité), et je passe à un autre contrat.

La **vente** est une convention par laquelle l'un s'oblige à livrer une chose, et l'autre à la payer.

Elle peut être faite par acte authentique ou sous-seing privé ; elle est valable, bien que faite sans aucun écrit : il suffit que le vendeur et l'acheteur soient d'accord sur la chose et sur le prix.

Appliquons à la vente quelques-unes des règles générales sur les contrats.

La vente est un contrat bilatéral, car le vendeur s'oblige à livrer la chose vendue, et l'acheteur s'oblige à la payer.

18.

La vente est un contrat commutatif, car ce que le vendeur s'oblige à livrer doit être regardé comme étant l'équivalent du prix que l'acheteur s'oblige à payer.

La vente est un contrat à titre onéreux, car chacune des parties donne et reçoit quelque chose.

La vente, vous ai-je dit, est parfaite par le seul *accord des parties sur la chose et le prix :* est-il en effet nécessaire de dresser un acte pour acheter un pain chez un boulanger? La vie ne serait pas possible si la loi pouvait avoir de telles exigences; or, vous savez qu'elle ne les a pas, parce qu'elle est la raison écrite.

Nous allons tirer, de ce principe, la solution d'une question qui n'est pas encore complétement élucidée, du moins dans l'esprit de quelques commerçants.

Vous voyez tous les jours des marchands de nouveautés mettre en montre des étoffes superbes, avec une pancarte sur laquelle est inscrit un prix très-modéré. Un passant, alléché par le bas prix et la beauté de l'étoffe, entre dans le magasin et demande à acheter cette étoffe. Le plus souvent, il consent à en acheter une autre, qui n'est peut-être pas aussi solide, aussi belle, ou qui coûte un peu plus cher. Mais je suppose que ce passant exige qu'on lui livre l'étoffe même qui est en étalage. Eh bien, Messieurs, il en a le droit; tant pis pour le marchand, s'il y perd ! En effet, est-ce que la vente n'est pas parfaite par l'accord de deux volontés sur la chose et sur le prix ? « La chose, la voilà, elle est dans votre étalage, dira le passant ; le prix, vous l'indiquez vous-même sur une étiquette; en un mot, vous annoncez que pour tel prix vous donnerez telle chose ; j'accepte cette chose et ce prix, la vente est parfaite, vous n'avez plus qu'à livrer et moi à payer : voici mon argent ! Donnez-moi cette étoffe !»

Messieurs, il n'y a rien à dire à ce raisonnement, que je

vous invite à vous rappeler, si, devenus négociants, vous songiez un jour à attirer la clientèle par des annonces fallacieuses.

La vente peut être faite purement et simplement, ou sous une condition, soit résolutoire, soit suspensive; la vente faite à l'essai est toujours présumée faite sous une condition suspensive.

La *promesse de vente* vaut vente, lorsqu'il y a consentement réciproque des deux parties sur la chose et sur le prix ; si la promesse de vendre a été faite avec des *arrhes*, chacun des contractants est maître de s'en départir, celui qui les a données, en les perdant, et celui qui les a reçues, en restituant le double.

Le prix de la vente doit être déterminé et désigné par les parties, ou au moins par un tiers arbitre.

Enfin, les frais accessoires à la vente sont à la charge de l'acheteur.

Tous ceux auxquels la loi ne l'interdit pas peuvent acheter ou vendre. Or, la loi interdit tout contrat de vente entre époux, sauf trois cas exceptionnels bien déterminés ; elle interdit au tuteur d'acheter les biens de ceux dont ils ont la tutelle, au mandataire d'acheter les biens qu'ils sont chargés de vendre, aux administrateurs d'acheter les biens des communes ou des établissements publics confiés à leurs soins, etc.

Tout ce qui est dans le commerce peut être vendu, lorsque des lois particulières n'en ont pas prohibé l'aliénation. Mais la vente de la chose d'autrui est nulle.

Quelles sont, Messieurs, les obligations du *vendeur?*

Le vendeur est tenu d'expliquer clairement ce à quoi il

s'oblige ; tout pacte obscur ou ambigu s'interprète contre le vendeur.

Il a deux obligations principales : celle de délivrer et celle de garantir la chose qu'il vend.

La *délivrance* est le transport de la chose vendue en la puissance et possession de l'acheteur. Les frais de la délivrance sont à la charge du vendeur, et ceux de l'enlèvement à la charge de l'acheteur, à moins qu'il n'en ait été convenu autrement. Le vendeur n'est pas tenu de délivrer la chose si l'acheteur n'en paye pas le prix, et que le vendeur ne lui ait pas accordé un délai pour le payement; même dans ce cas, il ne serait pas tenu à la délivrance, si l'acheteur était notoirement devenu insolvable.

La *garantie* que le vendeur doit à l'acquéreur a deux objets : le premier est la possession paisible de la chose vendue ; le second, les défauts cachés de cette chose, ou les vices rédhibitoires.

Pour qu'il y ait lieu à garantie, il faut que les défauts cachés rendent la chose impropre à l'usage auquel on la destine, ou qu'ils diminuent tellement cet usage, que l'acheteur ne l'aurait pas acquise ou n'en aurait donné qu'un moindre prix s'il les avait connus.

Le vendeur n'est pas tenu des *vices apparents* et dont l'acheteur a pu se convaincre lui-même ; il est tenu des *vices cachés*, quand même il ne les aurait pas connus, à moins que, dans ce cas, il ait stipulé qu'il ne sera obligé à aucune garantie.

L'acheteur a le choix de rendre la chose et de se faire restituer le prix, ou de garder la chose et de se faire rendre une partie du prix, d'après l'arbitrage des experts.

Si le vendeur connaissait les vices de la chose, il est tenu, outre la restitution du prix qu'il en a reçu, de tous les dommages et intérêts envers l'acheteur ; en effet, il y a ici une faute grave. S'il ignorait les vices de la chose, il ne sera tenu qu'à la restitution du prix, et à rembourser à l'acquéreur les frais occasionnés par la vente ; ici, au contraire, il y a une faute légère. Si la chose qui avait des vices a péri par suite de sa mauvaise qualité, la perte est pour le vendeur ; mais la perte arrivée par cas fortuit est pour le compte de l'acheteur.

Quant aux *vices rédhibitoires*, ce sont les défauts cachés des animaux qui peuvent faire l'objet d'une vente, tels que les chevaux, ânes, mulets, bœufs, vaches, moutons, etc.

L'action en garantie, basée sur les vices rédhibitoires, doit être intentée dans un très-bref délai, qui a été déterminé, suivant les espèces d'animaux, par une loi du 20 mai 1838.

Quelles sont les obligations de l'*acheteur* ? Je ne vous parlerai que de la principale de ces obligations, qui est de payer le prix. Quand, et où ? Au jour et au lieu fixés par la vente, et s'il n'a été rien réglé à cet égard lors de la vente, au lieu et dans le temps où doit se faire la délivrance.

Si l'acheteur ne paye pas le prix, le vendeur peut demander la résolution de la vente.

L'échange diffère peu de la vente, Messieurs ; presque toutes les règles prescrites pour le contrat de vente s'appliquent à l'échange.

La différence consiste en ceci : dans la vente, il y a une chose et un prix ; dans l'échange, il y a deux choses que les échangistes se donnent respectivement l'une pour l'autre. Dans la vente d'un immeuble, si le vendeur a été lésé de plus des sept douzièmes du prix, il a le droit de demander la rescision de la vente (*rescision* veut dire révision de la

vente, l'acquéreur ayant le droit de rendre la chose en reti-
rant le prix qu'il a payé, ou de la garder en payant un sup-
plément de prix). La rescision pour cause de lésion n'a pas
lieu dans le contrat d'échange.

Lorsque les choses échangées n'ont pas la même valeur,
celui qui donne la chose la plus chère peut stipuler que la
différence lui sera payée en argent ; cette différence prend
le nom de *soulte*.

Je passe, Messieurs, à un autre contrat : le **Contrat** de
société.

La société est un contrat par lequel deux ou plusieurs
personnes conviennent de mettre quelque chose en commun, dans la vue de partager le bénéfice qui pourra en résulter.

C'est donc un contrat bilatéral, commutatif, et à titre
onéreux.

Toute société doit avoir un objet licite, et être contractée
pour l'intérêt commun des parties. Chaque associé doit y
apporter ou de l'argent, ou d'autres biens, ou simplement
son industrie.

Bien que le contrat de société soit, comme la généralité
des contrats, purement consensuel, c'est-à-dire parfait
lorsque les quatre conditions essentielles que vous connaissez s'y trouvent réunies, la loi exige qu'il soit fait par
écrit, lorsque l'objet de la société est d'une valeur de plus
de 150 francs, et, même s'agît-il d'une valeur inférieure à
cette somme, elle n'admet pas la preuve testimoniale dans
les contestations relatives aux sociétés.

On distingue les *sociétés universelles* et les *sociétés particulières*. Ces dernières seules présentent un intérêt pratique.

Le contrat par lequel plusieurs personnes s'associent, soit pour une entreprise désignée, soit pour l'exercice de quelque métier ou profession, est une société particulière.

La société commence à l'instant même du contrat, s'il ne désigne une autre époque.

S'il n'y a pas de convention sur la durée de la société, elle est censée contractée pour toute la vie des associés, ou, s'il s'agit d'une affaire dont la durée soit limitée, pour tout le temps que doit durer cette affaire.

Chaque associé est débiteur envers la société de tout ce qu'il a promis d'y apporter.

Chaque associé est tenu, envers la société, des dommages qu'il lui a causés par sa faute, sans pouvoir compenser avec ces dommages les profits que son industrie lui aurait procurés dans d'autres affaires. A l'inverse, il a une action contre la société, à raison des sommes qu'il a déboursées pour elle.

Lorsque l'acte de société ne détermine point la part de chaque associé dans les bénéfices ou pertes, la part de chacun est en proportion de sa mise dans le fonds de la société, et à l'égard de celui qui n'a apporté que son industrie, sa part dans les bénéfices ou dans les pertes est réglée comme si sa mise eût été égale à celle de l'associé qui a le moins apporté.

La part de chacun peut être déterminée par le contrat, c'est extrêmement licite ; mais il y a une mesure à garder : la convention qui donnerait à l'un des associés la totalité des bénéfices est nulle ; nulle également la stipulation qui affranchirait de toute contribution aux pertes l'apport d'un ou de plusieurs des associés.

Une telle convention se nomme vulgairement *convention léonine*, par allusion à la société du lion de la fable, qui s'attribua toutes les parts du butin ; elle serait, vous le comprenez sans peine, absolument contraire à la nature du contrat de société.

La société finit : 1° par l'expiration du temps pour lequel elle a été contractée ; 2° par l'extinction de la chose ou la consommation de la négociation ; 3° par la mort de quelqu'un des associés ; 4° par l'interdiction ou la déconfiture de l'un d'eux ; 5° par la volonté qu'un seul ou plusieurs expriment de n'être plus en société.

La prorogation d'une société à temps limité ne peut être prouvée que par un écrit revêtu des mêmes formes que le contrat de société.

Je me suis servi, Messieurs, d'un mot qui demande à être expliqué, du mot *déconfiture*. La ruine, l'impossibilité de payer les dettes contractées, la supériorité du passif sur l'actif, tout cela prend des noms différents dans la langue du droit, selon les cas ou les personnes. S'agit-il d'un non-commerçant ? c'est la déconfiture ; s'agit-il d'un commerçant ? c'est la *faillite* ; s'agit-il d'un commerçant qui a failli et dont la faillite a été causée ou accompagnée par des faits coupables ? c'est la *banqueroute*.

Les notions sommaires que je viens de vous donner, Messieurs, sur le contrat de société, s'appliquent aux *sociétés civiles* ; elles ne sont, nous dit le Code civil, applicables aux *sociétés de commerce* que dans les points qui n'ont rien de contraire aux lois et usages du commerce. D'un autre côté, le Code de commerce s'exprime ainsi : « Le contrat de société se règle par le droit civil, par les lois particulières au commerce et par les conventions des parties. »

Quelles sont donc les lois particulières aux sociétés commerciales, dont les principes, comme vous venez de le voir, se règlent d'après le Code civil ? Je ne vous parlerai que de la plus importante de ces lois, celle qui divise en plusieurs espèces les sociétés commerciales. Il y a trois espèces de sociétés commerciales : la société en nom collectif, la société en commandite, et la société anonyme.

La *société en nom collectif* est celle que contractent deux personnes ou un plus grand nombre, et qui a pour objet de faire le commerce sous une raison sociale.

On appelle *raison sociale* le nom sous lequel la société est connue et contracte ses engagements. Les noms des associés peuvent seuls faire partie de la raison sociale. La raison sociale peut n'être composée que d'un seul nom auquel on ajoute les mots : *et compagnie.*

Les associés en nom collectif, indiqués dans l'acte de société, sont solidaires pour tous les engagements de la société, même quand un seul des associés aurait signé, pourvu que ce soit sous la raison sociale.

Exemples d'une société en nom collectif : *Legrand et Dupont,* ou simplement : *Legrand et Cie.*

La *société en commandite* se contracte entre un ou plusieurs associés responsables et solidaires, et un ou plusieurs associés simples bailleurs de fonds, que l'on nomme *commanditaires.* Elle est régie sous un nom social, qui doit être nécessairement celui d'un ou plusieurs des associés responsables et solidaires.

Lorsqu'il y a plusieurs associés solidaires et en nom, soit que tous gèrent ensemble, soit qu'un ou plusieurs gèrent pour tous, la société est à la fois société en nom collectif à leur égard, et société en commandite à l'égard des simples bailleurs de fonds.

Le nom d'un associé commanditaire ne peut faire partie

de la raison sociale. Cet associé ne peut faire aucun acte de gestion, ni être employé pour les affaires de la société, même en vertu d'une procuration. En cas de contravention à cette prohibition, il perd le bénéfice de la disposition qui limite ses pertes au chiffre de son apport.

Exemple d'une société en commandite : *Legrand et Cie*, étant supposé que l'associé commanditaire *Dupont* n'a fait que bailler une somme de......... à Legrand, qui représente la raison sociale, et qui est tenu, sans limites, de toutes les pertes de la société, tandis que Dupont ne peut perdre que ce qu'il a engagé dans l'affaire.

La *société anonyme* n'existe point sous un nom social : elle n'est désignée par le nom d'aucun des associés. Elle est qualifiée par la désignation de l'objet de son entreprise; exemples : *Compagnie du chemin de fer de Paris à Orléans, Société des paquebots transatlantiques, etc.*

Les associés, dont le nombre ne peut être inférieur à sept, ne sont passibles que de la perte du montant de leur intérêt dans la société. Le capital de la société anonyme se divise en actions, ou coupures d'actions, d'une valeur égale, qui peuvent, après la constitution de la société, être converties en titres au porteur.

Elle est administrée par un ou plusieurs mandataires à temps, révocables, salariés ou gratuits, pris parmi les associés. Ces mandataires doivent être propriétaires d'un nombre d'actions déterminé par les statuts, et ces actions sont affectées en totalité à la garantie de tous les actes de la gestion, même de ceux qui seraient exclusivement personnels à l'un des administrateurs. Elles sont, à cet effet, nominatives, inaliénables, frappées d'un timbre indiquant l'inaliénabilité et déposées dans la caisse de la société.

Mais les administrateurs ne sont responsables que de

l'exécution du mandat qu'ils ont reçu. Ils ne contractent, à raison de leur gestion, aucune obligation personnelle ni solidaire relativement aux engagements de la société.

Les précautions prises contre les administrateurs des sociétés anonymes, tant par le Code de commerce que par la loi du 29 juillet 1867, s'expliquent, Messieurs, par l'importance qu'ont prise ces sortes de société dans la seconde moitié de ce siècle, importance telle qu'on peut dire qu'elles représentent la moitié de la fortune des Français.

Indépendamment des trois espèces de sociétés que je vous ai indiquées, la loi reconnaît ce qu'elle appelle les *associations commerciales en participation*. Ces associations sont relatives à une ou plusieurs *opérations de commerce;* elles ont lieu pour les objets, dans les formes, avec les proportions d'intérêt et aux conditions, convenus entre les participants.

Elles peuvent être constatées par la représentation des livres, de la correspondance et même par la preuve testimoniale, contrairement à la règle qui gouverne les véritables sociétés; d'ailleurs les formalités prescrites pour les sociétés ne sont pas exigées pour les associations commerciales en participation. Exemple d'une association de ce genre : Bertrand et Raton conviennent, verbalement ou par écrit, d'acheter et de revendre, pour leur commun profit, une pièce de toile, saisie par la douane et vendue par elle; l'opération terminée, le partage se fait, soit du profit, soit de la perte, et l'association est dissoute.

Nous avons encore, Messieurs, quelques petits contrats à examiner : le prêt, le dépôt, le mandat. Je serai très-bref sur ces contrats.

Il y a deux sortes de **prêt** : celui des choses dont on peut user, sans les détruire, comme un cheval, une voiture, c'est le *prêt à usage*, et celui des choses qui se consomment par l'usage qu'on en fait, comme un kilogramme de pain, une somme d'argent, c'est le *prêt de consommation*.

Le prêt est un contrat bilatéral, commutatif et de bienfaisance. Il est, en effet, gratuit.

Le prêteur demeure propriétaire de la chose prêtée dans le prêt à usage, et l'emprunteur, qui est tenu de restituer la chose même, ne répond de sa perte survenue par cas fortuit, que s'il a négligé de veiller à sa conservation, ou s'il l'a gardée au delà du temps convenu.

Dans le prêt de consommation, l'emprunteur devient le propriétaire de la chose prêtée, et c'est pour lui qu'elle périt, de quelque manière que cette perte arrive. Il est tenu de rendre les choses prêtées, en même quantité et qualité, et au terme convenu; à défaut de quoi, il est tenu d'en payer la valeur.

Il est permis de stipuler des intérêts pour le simple prêt, soit d'argent, soit de denrées, ou autres choses mobilières. L'intérêt est légal ou conventionnel; l'intérêt légal est fixé, par la loi du 3 septembre 1807, au maximum de 5 p. 100 en matière civile, et de 6 p. 100 en matière commerciale. On ne peut y déroger, sous peine de délit d'usure.

Quand des intérêts ont été stipulés pour un prêt, le contrat cesse d'être un contrat de bienfaisance, et rentre dans la classe des contrats à titre onéreux.

Le **dépôt** est un contrat essentiellement gratuit, qui ne peut avoir pour objet que des choses mobilières.

Le dépôt ne peut être fait que par le propriétaire de la chose, ou de son consentement.

Le dépositaire a trois obligations principales : la conservation de la chose comme si c'était la sienne, le secret du dépôt, et la restitution de la chose même, et non d'une chose pareille.

Le **mandat** (ou *procuration*) est un acte par lequel une personne donne à une autre le pouvoir de faire quelque chose pour le *mandant,* et en son nom. Le contrat ne se forme que par l'acceptation du *mandataire.* Le mandat est gratuit, s'il n'y a convention contraire.

Le mandant est tenu d'exécuter les engagements contractés par le mandataire, dans la limite de ses pouvoirs.

Le mandataire est tenu d'accomplir le mandat tant qu'il en demeure chargé, et répond des dommages et intérêts qui pourraient résulter de son inexécution. Il est tenu même d'achever la chose commencée au décès du mandant, s'il y a péril en la demeure. Il répond, non-seulement du dol, mais encore des fautes qu'il commet dans sa gestion. Néanmoins, la responsabilité relative aux fautes est appliquée moins rigoureusement à celui dont le mandat est gratuit qu'à celui qui reçoit un salaire.

Le mandat finit : par la révocation du mandataire, par la renonciation de celui-ci au mandat, par la mort, l'interdiction ou la déconfiture, soit du mandant, soit du mandataire.

Le cadre de ce cours m'oblige à arrêter ici des explications qui ne pourraient manquer de vous paraître intéressantes, soit sur les divers contrats que j'ai passés en revue, soit sur d'autres que je n'ai pas même le temps de nommer.

Je consacrerai la leçon prochaine au contrat de louage.

———

XVIIIᵉ LEÇON

CONTRAT DE LOUAGE.

LOUAGE DES CHOSES ET LOUAGE D'INDUSTRIE. — COALITIONS.

Messieurs, il y a deux sortes de **contrat de louage** : celui des choses et celui d'ouvrage.

Le *louage des choses* est un contrat (bilatéral, commutatif et à titre onéreux) par lequel l'une des parties s'oblige à faire jouir l'autre d'une chose pendant un certain temps, et moyennant un certain prix, que celle-ci s'oblige de lui payer.

Le *louage d'ouvrage* est un contrat par lequel l'une des parties s'engage à faire quelque chose pour l'autre, moyennant un prix convenu entre elles.

Ces deux genres de louage se subdivisent encore en plusieurs espèces particulières : on appelle *bail à loyer* le louage des maisons et celui des meubles ; *bail à ferme*, celui des héritages ruraux ; *loyer*, le louage du travail ou du service ; *bail à cheptel*, celui des animaux dont le profit se partage entre le propriétaire et celui à qui il les confie. Les *devis*, *marché* ou *prix fait*, pour l'entreprise d'un ouvrage moyennant un prix déterminé, sont aussi un louage, lorsque la matière est fournie par celui pour qui l'ouvrage se fait. Ces trois dernières espèces ont des règles particulières.

Occupons-nous d'abord du *louage des choses*.

On peut louer toutes sortes de biens meubles ou immeubles.

Les règles applicables au louage des biens mobiliers ne diffèrent guère de celles du prêt à usage, la seule différence entre ces deux contrats étant dans la convention d'un prix de loyer. Exemples : je vous autorise à user de mon cheval pour aller à la ville voisine, sans vous demander aucun prix, c'est un prêt ; je vous donne la même autorisation, en stipulant le paiement d'une somme de cinq francs, c'est un contrat de louage ; dans les deux cas, que vous ayez emprunté ou loué, vous êtes tenu de me restituer mon cheval, dont je n'ai jamais cessé d'être le propriétaire.

La location d'un immeuble ou d'une partie d'immeuble peut se faire par écrit ou verbalement ; dans ce dernier cas, la preuve est toujours plus difficile à fournir, en cas de contestation.

Celui qui donne un immeuble à loyer s'appelle *bailleur*, celui qui le prend s'appelle *preneur*.

Le preneur a le droit de sous-louer, et même de céder son bail à un autre, si cette faculté ne lui a pas été interdite.

Le bailleur est obligé, par la nature du contrat, et sans qu'il soit besoin d'aucune stipulation particulière : 1° de délivrer au preneur la chose louée ; 2° d'entretenir cette chose en état de servir à l'usage pour lequel elle a été louée ; 3° d'en faire jouir paisiblement le preneur pendant la durée du bail.

Le bailleur est tenu de délivrer la chose en bon état de réparations de toute espèce. Il doit y faire, pendant la durée du bail, toutes les réparations qui peuvent devenir nécessaires, autres que les réparations locatives.

S'il résulte pour le preneur quelque perte de certains vices ou défauts de la chose louée, le bailleur, même quand il ne les aurait pas connus lors du bail, doit indemnité au preneur.

Le bailleur ne peut, pendant la durée du bail, changer la forme de la chose louée. Mais le preneur doit supporter, quelque incommodité qu'elles lui causent et quoiqu'il soit privé momentanément de la chose louée, les réparations qui ne pourraient être différées jusqu'à la fin du bail. Si cependant elles exigent plus de 40 jours, le prix du bail est diminué proportionnellement à leur durée et à la privation de jouissance ; et si elles rendent inhabitable ce qui est nécessaire au logement du preneur et de sa famille, celui-ci pourra faire résilier le bail.

Le bailleur n'est pas tenu de garantir le preneur du trouble que des tiers apportent par voie de fait à sa jouissance, pourvu qu'ils ne soient pas des prétendants à la propriété de la chose ; car, dans ce cas, cela deviendrait l'affaire du bailleur.

Le preneur est tenu de deux obligations principales : 1° d'user de la chose louée en bon père de famille, et suivant la destination qui lui a été donnée par le bail, ou suivant celle présumée par les circonstances, à défaut de convention ; 2° de payer le prix du bail aux termes convenus.

Si le preneur emploie la chose louée à un autre usage que celui auquel elle a été destinée, ou à un usage dont il puisse résulter un dommage pour le bailleur, celui-ci peut, suivant les circonstances, faire résilier le bail.

S'il a été fait un *état des lieux* (ou description détaillée de tout ce qui se trouve dans l'immeuble ou l'appartement loué), le preneur doit rendre la chose telle qu'il l'a reçue, suivant cet état, excepté ce qui a péri ou a été dégradé par vétusté ou force majeure.

A défaut d'état des lieux, le preneur est présumé les avoir reçus en bon état de réparations locatives, et il doit les rendre tels, sauf à lui à faire la preuve du contraire.

Il répond des dégradations ou des pertes qui arrivent pendant sa jouissance, à moins qu'il ne prouve qu'elles ont eu lieu sans sa faute.

Il répond de l'incendie, à moins qu'il ne prouve : que l'incendie est arrivé par cas fortuit ou force majeure, ou par vice de construction, ou que le feu a été communiqué par une maison voisine.

S'il y a plusieurs locataires, tous sont solidairement responsables de l'incendie, à moins qu'ils ne prouvent que l'incendie a commencé dans l'habitation de l'un d'eux, auquel cas celui-là seul en est tenu ; ou que quelques-uns ne prouvent que l'incendie n'a pu commencer chez eux, auquel cas ceux-là n'en sont pas tenus.

Enfin, le preneur est tenu des dégradations et des pertes qui arrivent par le fait des personnes de sa maison ou de ses sous-locataires.

Comment finit le contrat de louage ? Il faut distinguer :

Si le bail a été fait par écrit, il cesse de plein droit à l'expiration du terme fixé, sans qu'il soit nécessaire de donner congé.

S'il a été fait sans écrit, l'une des parties ne pourra donner congé à l'autre qu'en observant les délais fixés par l'usage des lieux. A Paris, les délais d'usage sont : de 6 semaines pour les loyers au-dessous de 400 francs ; de 3 mois pour ceux de 400 francs et au-dessus, à quelque somme que le loyer s'élève ; de 6 mois pleins pour le congé d'une maison entière, d'un corps de logis ou d'une boutique donnant sur une rue.

Si à l'expiration des baux écrits, le preneur reste et est laissé en possession, il s'opère un nouveau bail qui est assimilé aux locations verbales. C'est ce qu'on appelle la *tacite reconduction*, ou nouveau contrat de louage consenti tacitement aux mêmes conditions. Mais, lorsqu'il y a un congé signifié, le preneur, quoiqu'il ait continué sa jouissance, ne peut invoquer la tacite reconduction.

Le contrat de louage se résout aussi par la perte de la chose louée et par le défaut, soit du bailleur, soit du preneur, de remplir ses engagements.

Mais il n'est pas résolu par la mort du bailleur ni par celle du preneur ; le bail continue pour les héritiers de l'un ou de l'autre.

Terminons cette matière par quelques règles accessoires.

Le locataire qui ne garnit pas la maison ou l'appartement de meubles suffisants, peut être expulsé, à moins qu'il ne donne des sûretés capables de répondre du loyer. D'ailleurs, le propriétaire a un privilége légal sur les meubles garnissant sa maison, et il peut les faire saisir, à de certaines conditions, pour se couvrir des sommes dues par ses locataires, soit pour le loyer, soit pour les réparations locatives.

Ces réparations locatives, dont j'ai déjà prononcé le nom, sont les réparations de menu entretien ; le locataire en est tenu, à moins de clause contraire ; elles sont désignées par l'usage des lieux, et portent notamment sur les objets suivants : âtres, contre-cœurs, chambranles et tablettes des cheminées, récrépiment du bas des murailles des appartements, à la hauteur d'un mètre ; pavés et carreaux des chambres, lorsqu'il y en a seulement quelques-uns de cassés ; vitres, à moins qu'elles ne soient cassées par la grêle ou autres accidents extraordinaires et de force majeure, dont le locataire ne peut être tenu ; portes, croisées, planches de cloison ou de fermeture de boutiques, gonds, targettes et serrures.

Aucune des réparations réputées locatives n'est à la charge des locataires, quand elles ne sont occasionnées que par vétusté ou force majeure.

Le curement des puits et celui des fosses d'aisance sont à la charge du bailleur, s'il n'y a, bien entendu, clause contraire.

Le bail d'un appartement meublé est censé fait à l'année, quand il a été fait à tant par an ; au mois, quand il a été fait à tant par mois ; au jour, s'il a été fait à tant par jour. Si rien ne constate que le bail soit fait à tant par an, par mois ou par jour, la location est censée faite suivant l'usage des lieux (à Paris, c'est au mois que se louent les appartements meublés).

J'arrive, Messieurs, au contrat de *louage d'ouvrage ou d'industrie.*

Ce contrat se subdivise en trois espèces principales :

1° Le louage des gens de travail qui s'engagent au service de quelqu'un ;

2° Celui des voituriers, tant par terre que par eau, qui se chargent du transport des personnes ou des marchandises ;

3° Celui des entrepreneurs d'ouvrages, par suite de devis ou marchés.

De la seconde et de la troisième espèce, j'ai peu de choses à vous dire ; je vous avertirai seulement que sous le nom de voituriers, vous pouvez tout comprendre, depuis le fiacre et l'omnibus, jusqu'au chemin de fer ou au paquebot à vapeur ; et que sous le nom d'entrepreneur d'ouvrages, vous pouvez classer l'architecte ou le maçon qui vous bâtit une maison, ou le tailleur qui vous confectionne un vêtement avec du drap vous appartenant.

C'est la première espèce de louage d'industrie que nous devons principalement étudier : le *louage des gens de travail*, qui s'engagent au service de quelqu'un.

On ne peut engager ses services que pour un temps déterminé, ou pour une entreprise déterminée.

La convention de rester toute sa vie chez le même maître ou patron serait une convention nulle, car ce serait une aliénation de la liberté, qui est un bien inaliénable.

On ne peut faire indirectement ce que la loi défend de faire directement ; c'est pourquoi serait nul l'engagement de rester chez un maître ou patron, plus jeune que soi, tant qu'il vivra ; nul également l'engagement de travailler dans une mine, tant qu'elle sera en exploitation, ou bien de travailler dans une maison pendant 50 ans quand on en a déjà 60, etc.

Un *maître* ou un *patron*, au contraire, peut valablement s'engager à garder un *domestique*, un *employé*, un *ouvrier*, soit tant qu'il vivra lui-même, soit tant que vivra le domestique, l'employé ou l'ouvrier. C'est qu'en effet cette convention n'est pas contraire à l'ordre public, et qu'elle ne porte aucune atteinte à la liberté naturelle. Nous en voyons tout autour de nous des exemples, ne serait-ce que dans les administrations publiques, qui gardent leurs employés pendant toute l'existence de ceux-ci, pourvu qu'ils n'aient pas démérité.

Le louage d'ouvrage ou d'industrie est, comme le louage des choses, un contrat bilatéral, commutatif et à titre onéreux, car le prix payé par le maître ou patron a pour équivalent le travail de l'employé, de l'ouvrier, du domestique.

Il résulte de cette équivalence que le prix n'est dû qu'en proportion du travail accompli, et que le maître ne doit aucun prix à l'employé pour le temps de maladie de celui-ci. C'est un droit qui peut paraître plein de dureté, et dont on est assurément libre de ne pas user ; mais c'est le droit.

Comment finit le louage d'ouvrage ?

Il finit quand le temps fixé est écoulé, quand les travaux pour lesquels l'engagement avait eu lieu sont terminés, ou enfin, selon l'usage des lieux, lequel peut différer en ceci, comme en matière de location de maisons ou d'appartements.

Le maître ou patron ne peut donc, à moins d'avoir des motifs légitimes, renvoyer son ouvrier, domestique ou employé, avant le moment légal ; et, s'il le renvoie plus tôt, sans motif légitime, il lui doit des dommages et intérêts.

De son côté, l'ouvrier, le domestique, l'employé, ne peut quitter son maître ou patron avant le temps convenu, sauf également les motifs légitimes.

Les motifs légitimes sont, pour celui qui emploie un autre homme : l'inexactitude de l'employé, un mauvais service, des violences, des actes d'improbité, etc. ; pour le salarié, c'est la maladie, les mauvais traitements de la part du maître, ou enfin l'appel au service militaire.

Le louage d'ouvrage finit aussi par la mort de l'employé, du domestique, de l'ouvrier ; cela va sans le dire. Quant à la mort du maître ou patron, ce n'est que par exception qu'elle met fin au contrat.

Il y avait dans le Code civil un article ainsi conçu (art. 1781) :

« Le maître est cru sur son affirmation,
pour la quotité des gages,
pour le payement du salaire de l'année échue,
et pour les à-comptes donnés pour l'année courante. »

Bien que rédigé au lendemain de la Révolution, cet article se ressentait encore du vieil esprit de caste qui régnait dans l'ancienne France ; les progrès de l'esprit démocratique et égalitaire n'ont pas permis de le conserver, et il a été abrogé purement et simplement par une loi du 2 août 1868.

On est donc revenu au droit commun, pour la preuve à fournir en cas de contestation entre patrons et salariés, sur ce qui concerne les gages et le paiement des gages ; c'est-à-dire à la preuve par écrit, ou par témoins quand l'objet du litige est inférieur à 150 francs.

D'ailleurs, le droit exorbitant que donnait au maître l'article abrogé, ne s'appliquait nullement aux conditions mêmes du contrat de louage, telles que son existence ou sa durée ; conditions pour lesquelles le droit commun était seul en vigueur.

Pour terminer cette question, je dois vous dire un mot de deux règles qui intéressent les employés et gens de service.

L'une a trait au *privilège* qui leur est donné sur les autres créanciers du maître défunt : les salaires des gens de service, pour l'année échue et pour ce qui est dû sur l'année courante, constituent une créance privilégiée qui s'exerce sur la généralité des meubles, avant toute autre créance, sauf trois exceptions, qui sont : les frais de justice, les frais funéraires et les frais de la dernière maladie.

L'autre règle a trait à la *prescription*. On appelle ainsi une présomption de la loi en vertu de laquelle les débiteurs sont libérés de leurs dettes, qu'ils sont dès-lors supposés avoir payées, par le simple écoulement d'un délai déterminé.

C'est ainsi que l'action en réclamation de ce qui peut leur être dû se prescrit par un an, pour les marchands, à l'égard des marchandises qu'ils ont vendues aux particuliers non marchands ; pour les maîtres d'apprentissage, à l'égard du prix convenu avec les représentants de l'apprenti ; et pour les domestiques ou gens de travail qui se louent à l'année, à l'égard du paiement de leur salaire ou de leurs émoluments.

Hâtons-nous d'ajouter, Messieurs, qu'une simple citation en justice, quelques heures avant la fin de l'année exigée pour cette prescription libératoire, a pour effet de l'interrompre, et, si je puis m'exprimer ainsi, de redonner une nouvelle vie à la créance près de s'éteindre par la négligence du créancier.

Il y a, Messieurs, une question que je me propose de traiter sommairement ici, parce qu'elle me paraît être le complément nécessaire d'une leçon sur le contrat de louage d'industrie ; c'est la question des **coalitions**.

Le mot *coalition* vient d'un mot latin qui signifie *se souder*, *se réunir intimement*. Dans l'ordre économique, la coalition est l'union, soit des patrons ou maîtres, soit des ouvriers ou domestiques, pour modifier à leur profit les conditions du travail et particulièrement les salaires ; soit enfin des producteurs ou des consommateurs, pour modifier les prix et en général les conditions de l'échange.

La coalition des gens de travail prend quelquefois un autre nom, celui de *grève*. Voici d'où vient ce nom : à Paris, plusieurs corps de métiers ont, de temps immémorial, l'habitude de recruter leurs ouvriers sur la place de l'Hôtel de Ville, qu'on appelait autrefois *place de Grève;* par extension du sens de se tenir sur la place en attendant de l'ouvrage, l'on a donné le nom de grève à la coalition d'ouvriers qui refusent de travailler, tant qu'on ne leur aura pas accordé certaines conditions qu'ils réclament.

La question des coalitions ouvrières ou industrielles a beaucoup préoccupé les sociétés modernes, et les législateurs ont dû souvent l'étudier.

Soit à cause des maux qu'occasionne l'arrêt subit d'une branche du travail national, soit à raison des misères que n'ont jamais manqué d'amener avec elles, chez ceux-mêmes qui faisaient grève, les coalitions d'ouvriers ou de patrons, les auteurs du Code pénal de 1810, revu en 1832, avaient tranché la question dans un sens très-sévère; en 1849, on avait quelque peu adouci les pénalités, sans atténuer le caractère délictueux qu'on assignait aux coalitions.

Une loi du 25 mai 1864 est venue, pour ainsi dire, innocenter les coalitions.

On est parti de cette idée qu'il n'y a pas de travail forcé dans une société démocratique comme la nôtre, et que chacun, en somme, est libre de donner ou de refuser ses bras, son intelligence, les forces dont il dispose enfin, et de coter ces forces au prix qui lui convient.

Vous vous rappelez sans doute que je vous ai dit, à propos de l'apprentissage, ce qu'avait été la révolution économique, faite à la suite de la révolution politique de 1789, comment le régime de la libre concurrence avait été substitué, pour l'industrie, au régime des jurandes et des maîtrises, et comment avaient été dementis par les résultats les prophètes de malheur (le trop fameux Marat, entre autres) qui prétendaient qu'on allait tuer l'industrie française, en substituant résolument le régime de la liberté au régime de la contrainte, et qui, amoureux de la liberté politique, répudiaient les maximes des grands philosophes, tels que Turgot, Adam Smith, et les autres apôtres de la liberté économique.

La loi de 1864 a fait pour la question des salaires, ce que la Révolution avait déjà fait pour celle des maîtrises et de l'apprentissage; elle n'est qu'une suite naturelle des principes posés en 1791.

Elle innocente les coalitions, vous ai-je dit, mais elle punit les manœuvres coupables qu'emploient souvent les moins scrupuleux ou les plus violents pour entraîner leurs camarades ou confrères, sans l'aveu desquels tout travail pourrait n'être pas interrompu, sans lesquels il n'y aurait pas de coalition.

Je vais vous citer, au surplus, le texte même des articles substitués par l'article 1er de la loi du 25 mai 1864, aux anciens articles 414, 415 et 416 du Code pénal.

Article 414. — « Sera puni d'un emprisonnement de 6 jours à 3 ans et d'une amende de 16 à 3,000 francs, ou de l'une de ces deux peines seulement, quiconque à l'aide de violences, voies de fait, menaces ou manœuvres frauduleuses, aura amené ou maintenu, tenté d'amener ou maintenir une cessation concertée de travail, dans le but de forcer la hausse ou la baisse des salaires ou de porter atteinte au libre exercice de l'industrie ou du travail. »

Article 415. — « Lorsque les faits punis par l'article

précédent auront été commis par suite d'un plan concerté, les coupables pourront être mis, par l'arrêt ou le jugement, sous la surveillance de la haute police pendant 2 ans au moins ou 5 ans au plus. »

Article 416. — « Seront punis d'un emprisonnement de 6 jours à 3 mois et d'une amende de 16 à 300 francs, ou de l'une de ces deux peines seulement, tous ouvriers, patrons et entrepreneurs d'ouvrage qui à l'aide d'amendes, défenses, proscriptions, interdictions, prononcées par suite d'un plan concerté, auront porté atteinte au libre exercice de l'industrie ou du travail. »

L'article 2 de la loi de 1864 applique ces trois règles aux travailleurs des campagnes, fermiers, moissonneurs, etc.

Avec cette question finit, Messieurs, l'examen des principes de droit civil, commercial ou administratif, que j'avais formé le dessein de vous enseigner. Il nous reste cependant un point à traiter, qui sera comme le couronnement de ce cours. Je veux parler de l'organisation judiciaire, qui occupera tout entière ma dernière leçon.

XIXe LEÇON

ORGANISATION DES TRIBUNAUX. — OFFICIERS
MINISTÉRIELS. — ASSISTANCE JUDICIAIRE.

Messieurs, au début de cette leçon, qui est la dernière, je
vous répéterai ce que je vous disais dans ma première leçon :
la loi eût été incomplète, si elle se fût bornée à prescrire des
règles, sans en assurer l'exécution, sans établir des moyens
de réprimer l'injustice et de vider les querelles survenues
entre les citoyens ou habitants d'un même pays.

Dans les sociétés policées, les tribunaux et les offices
ministériels qui en sont comme l'accessoire, ont été organisés de manière à éviter les violences entre les personnes
qui se trouvent en désaccord sur leurs droits respectifs.

C'est l'**organisation des tribunaux** en France que je vais
vous exposer succintement. Cette organisation a son point
de départ, comme beaucoup d'autres institutions de notre
pays, dans la Révolution de 1789 ; sans doute il existait des
tribunaux avant cette grande époque ; mais un rapide coup
d'œil sur l'histoire de l'ancienne organisation judiciaire
vous démontrera qu'elle était bien imparfaite.

Si l'on se reporte au temps de la conquête de la Gaule par les Francs, on voit que la division des terres entre le conquérant et ses compagnons d'armes, produisit deux sortes de juridictions, la *justice royale* et la *justice seigneuriale*. La justice fut rendue par les officiers du roi ou le roi lui-même, dans les terres immédiatement soumises à son autorité, et par les seigneurs dans leurs fiefs.

Mais le partage du territoire conquis n'avait pas brisé les liens qui attachaient les chefs secondaires au chef suprême; dans le système féodal, le roi conservait la souveraineté, il était le suzerain, et les ducs ou barons étaient ses vassaux; en cette qualité de suzerain, il avait le droit de réformer, sur appel, les décisions de la justice seigneuriale, et il avait auprès de lui un conseil qui, à ses attributions politiques, joignait l'étude des causes difficiles soumises à l'appel du roi.

Cette organisation dura pendant les deux premières races.

A l'avénement de Hugues Capet, et sous le règne de ses premiers successeurs, la féodalité dégénéra en anarchie, et il ne fut pas rare de voir les seigneurs refuser d'admettre les sentences royales qui réformaient leurs propres sentences; c'est d'ailleurs l'époque où florissait cette coutume monstrueuse qu'on appelait le *combat judiciaire*, coutume très-propre à augmenter le désordre qui régnait dans l'administration de la justice.

Bientôt la royauté lutta de toutes ses forces pour ressaisir le dernier ressort de la justice. Philippe-Auguste fit le premier pas, Saint-Louis continua, en abolissant le combat judiciaire, et, grâce à cette abolition, le pouvoir royal reconquit assez promptement l'une des plus importantes prérogatives de la suzeraineté.

Un autre inconvénient se produisit : le nombre des juridictions inférieures, royales ou seigneuriales, était déjà fort grand, il s'augmenta par la *vénalité des charges,* que l'on osa trop souvent considérer comme l'une des sources du revenu public.

Est-il nécessaire de vous faire remarquer combien ces juridictions, si multiples et si variées, entravaient l'administration de la justice ?

Le jugement des appels était dans le principe dévolu au roi lui-même, ou au conseil placé près de lui. Mais les appels se multipliant, on désigna certains membres du *Conseil du roi* pour en connaître spécialement ; c'est là l'origine du *Parlement de Paris*, d'abord ambulatoire, devenu sédentaire en 1302, séparé définitivement du conseil du roi ou conseil d'État par Philippe-le-Long, et enfin, modèle des divers *Parlements de province.*

Il semblait que dès lors tout dût aller régulièrement, le conseil d'État traitant les affaires politiques, et les parlements ne s'occupant que des procès. Nullement, Messieurs : le conseil d'État voulait toujours attirer à lui les causes judiciaires, et les parlements, surtout celui de Paris, ne cessaient de s'immiscer dans la politique ; le tout au grand détriment des affaires du pays.

Cette situation, pleine de difficultés et de périls, dura jusqu'à la Révolution.

L'Assemblée constituante plaça, avec raison, parmi les réformes les plus urgentes celle de l'ordre judiciaire.

Elle se hâta de supprimer les justices seigneuriales et la vénalité des charges de judicature ; elle proclama, en outre, que les juges rendraient gratuitement la justice, et qu'ils seraient salariés par l'État (et non plus par les plaideurs) ; que les tribunaux ne prendraient, directement ou indirectement, aucune part à l'exercice du pouvoir législatif, et qu'ils ne pourraient empêcher ou suspendre l'exécution des décrets, ni citer devant eux les administrateurs pour raison de leurs fonctions. Un tribunal fut établi dans chaque district. Les juges furent le produit de l'élection ; leur mandat n'était que temporaire. Ils furent juges d'appel les uns à l'égard des autres.

Tout n'était pas bon dans cette organisation ; aussi fut-elle bientôt modifiée. La constitution de l'an VIII, qui établissait le consulat, voulut couper court à toute espèce de rivalité, et créa en conséquence des tribunaux d'appel supérieurs ; celle de l'an X, qui établissait l'empire, décida que les juges cesseraient d'être électifs, et remit leur nomination au chef de l'État ; enfin la Charte de 1814, octroyée par le gouvernement de la Restauration, établit l'*inamovibilité des juges*, c'est-à-dire l'impossibilité de les arracher de leur siége pour cause d'opinion politique ; en d'autres termes, elle leur assura l'indépendance.

Voici, Messieurs, quelle est l'organisation actuelle du pouvoir judiciaire.

La justice civile est rendue par les juges de paix, les tribunaux d'arrondissement et les cours d'appel.

La justice commerciale est rendue par les prud'hommes, les tribunaux de commerce et les cours d'appel.

La justice répressive est rendue par les tribunaux de simple police, les tribunaux correctionnels, les chambres des appels de police correctionnelle, et les cours d'assises.

A côté de ces tribunaux ordinaires de répression se placent quelques tribunaux exceptionnels, comme le Sénat en matière politique de grande importance, les tribunaux militaires et les tribunaux maritimes.

Les affaires de peu de conséquence ne sont soumises qu'à un seul degré de juridiction ; les affaires les plus importantes n'en parcourent jamais plus de deux (non compris, bien entendu, le tribunal régulateur, appelé cour de cassation).

La loi a placé à côté des tribunaux civils, des tribunaux correctionnels, des cours d'appel, des cours d'assises, et même des tribunaux de simple police, un fonctionnaire chargé de la représenter, de parler en son nom ; on l'appelle *ministère public*.

Au-dessus de ces différentes juridictions et pour maintenir l'uniformité de la jurisprudence, est placée la cour de cassation, dont le pouvoir s'étend sur toutes les parties de la France et ses colonies.

Enfin, la justice administrative est rendue, en première instance, par les conseils de préfecture, et en appel, par le conseil d'État.

Reprenons l'un après l'autre les détails de cette organisation.

Justice civile. — *Justices de paix.* — Chaque canton (à Paris, chaque arrondissement) possède un juge de paix, assisté d'un greffier, et doublé de deux suppléants, pour que la justice ne chôme pas. Contrairement à la règle générale, le juge de paix n'est pas inamovible.

Outre les rôles divers que la loi lui assigne dans les affaires intéressant les familles, telles que la présidence des conseils de famille, l'apposition, dans certains cas, des scellés dans le domicile des personnes décédées, etc., le juge de paix est appelé à s'occuper de presque toutes, sinon de toutes les affaires litigieuses qui se présentent dans le canton ; en effet, quelle que soit l'importance du litige, les plaideurs doivent être appelés devant lui en conciliation ; de plus, il connaît de toutes les actions purement personnelles ou mobilières, en dernier ressort, jusqu'à la valeur de 100 francs, et, à charge d'appel, jusqu'à la valeur de 200 francs ; de quelques autres causes, en dernier ressort, jusqu'à la valeur de 100 francs, et, à charge d'appel, à quelque valeur que la demande puisse s'élever ; enfin, de certains litiges, toujours jusqu'à la valeur de 100 francs, en dernier ressort, et, à charge d'appel, dans des limites que la loi a pris soin de fixer ; par exemple : 1500 francs de principal ou 60 francs de revenu, ce qui est précisément le taux de la compétence, en dernier ressort, des tribunaux de première instance.

L'appel des décisions des juges de paix est porté devant le tribunal de l'arrondissement.

Tribunaux civils de première instance. — Chaque arrondissement (je ne parle pas des arrondissements de Paris, qui sont, à proprement parler, des cantons urbains), chaque arrondissement, sauf ceux de Sceaux et Saint-Denis dans le département de la Seine, possède un tribunal de première instance, composé, selon l'importance et le nombre des affaires, d'une seule chambre ou de plusieurs chambres. Chaque tribunal se compose d'un président, d'autant de vice-présidents qu'il y a de chambres moins une, de juges et de juges-suppléants, tous inamovibles ; les fonctions du ministère public sont confiées à un procureur de la République, assisté d'un ou de plusieurs substituts ; ces fonctionnaires sont révocables. Enfin, il y a dans chaque tribunal un greffier et des commis-greffiers, tous assermentés.

Les tribunaux de première instance ont la plénitude de juridiction ; ils connaissent de toutes les affaires, à quelque valeur que la demande s'élève ; ils jugent, même en dernier ressort, celles qui ne dépassent pas 1,500 francs de principal ou 60 francs de revenu ; enfin, ils jugent en appel les causes dont connaissent les juges de paix. La présence de trois juges est nécessaire pour qu'ils rendent un jugement valable. L'appel de leurs jugements est porté devant les cours d'appel.

Cours d'appel.—Le territoire de la France était, avant 1870, divisé en 29 ressorts de cours d'appel, y compris celui d'Alger ; la perte de l'Alsace a fait disparaître la cour de Colmar ; quant à celle qui siégeait dans la ville de Metz, perdue aussi pour nous, elle a été, si je ne me trompe, transférée à Mézières, en sorte qu'il en existerait encore 28, auxquelles est attribué l'examen des jugements rendus par les divers tribunaux d'arrondissement du ressort, et dont appel est interjeté.

Les cours sont divisés en plusieurs chambres ; elles se composent d'un premier président, de présidents de chambre et de conseillers, tous inamovibles ; les fonctions du ministère public sont confiées aux procureurs généraux, avocats généraux et substituts du procureur général, tous révocables. Enfin, il y a dans chaque cour un greffier en chef et des greffiers. La présence de sept membres d'une cour est nécessaire, en matière civile, pour la validité de ses arrêts.

Justice commerciale. — *Conseils de prud'hommes.*— C'est dans l'exposé des motifs de la loi du 18 mars 1806, qui a créé le conseil des prud'hommes de Lyon (le premier qui ait existé), qu'on trouve la notion la plus exacte sur l'utilité des conseils de prud'hommes. « En matière industrielle, disait le rédacteur de cet exposé, la surveillance à exercer, les contraventions à réprimer, demandent d'autres instruments que ceux de l'administration générale du pays, et même que l'administration particulière de la cité, d'autres agents que ceux de la police ordinaire.

Ces fonctions exigent des connaissances que les fabricants

seuls ou les chefs d'ateliers peuvent réunir. Elles exigent aussi, avec la sévérité du magistrat, une sorte de bonté paternelle qui tempère l'austérité du juge, permette quelquefois l'indulgence, appelle sans cesse la confiance, et aide toujours à la soumission. »

Tel est l'esprit qui, depuis leur création, a inspiré le per-fectionnement des conseils de prud'hommes (ou hommes sages, *hommes prudents.*)

Ils sont les juges de paix de l'industrie : leur science, c'est l'équité ; leur objet capital, la conciliation ; et, pour atteindre ce résultat, c'est à des hommes spéciaux, à des juges élus par leurs pairs, que la juridiction industrielle a été confiée.

L'organisation des conseils de prud'hommes a été établie ou modifiée par les décrets, lois ou ordonnances, des 11 juin 1809, 3 août 1810, 29 décembre 1844, 9 juin 1847, 27 mai et 6 juin 1848, et enfin 1er juin 1853.

Il n'existe pas de conseils des prud'hommes dans tous les centres ; le gouvernement n'en institue que là où le be-soin s'en fait sentir, et il n'agit généralement dans ce sens que sur la demande des chambres de commerce.

Le nombre des membres de chaque conseil de pru-d'hommes est déterminé suivant les nécessités des fabriques et les variations des localités ; il est de 6 au moins, non compris le président et le vice-président.

A Paris, il existe un conseil de prud'hommes divisé en quatre sections : celles des tissus, des métaux, des produits chimiques et des industries diverses, ce qui fait, au fond, quatre conseils.

Les prud'hommes sont toujours en nombre pair, de fa-çon qu'il y ait un nombre égal de patrons ou chefs d'ate-lier, et d'ouvriers.

Ils sont élus de la façon suivante : les ouvriers, réunis en assemblée particulière, élisent au scrutin les prud'hommes ouvriers ; de leur côté, les patrons, réunis également en assemblée particulière, élisent au scrutin les prud'hommes patrons.

Pour être électeur, il faut être Français, âgé de 25 ans, et compter trois ans de domicile au moins dans la circonscription du conseil qu'il s'agit de constituer.

Pour être élu, il faut être Français et âgé de 30 ans au moins ; il faut, de plus, savoir lire et écrire.

Il y a des conditions, communes à l'électorat et à l'éligibilité, qui sont les suivantes :

Exercer, soit comme patron patenté, soit comme ouvrier, depuis cinq ans au moins, l'une des professions comprises dans la juridiction du conseil ; n'avoir pas fait faillite, ou, en cas de faillite, avoir obtenu la réhabilitation ; enfin, n'avoir jamais été condamné pour un acte contraire à la probité.

Les listes d'électeurs sont dressées par l'administration préfectorale, qui préside à l'élection.

Les conseils sont renouvelés par moitié tous les trois ans ; les prud'hommes sortants sont toujours rééligibles.

Les élus prêtent serment d'obéir aux lois et de remplir leurs devoirs avec zèle et intégrité ; mais, par exception aux règles ordinaires en matière d'organisation judiciaire, ils sont dispensés de toute investiture du gouvernement.

Les fonctions des prud'hommes sont de deux sortes. Elles consistent : 1° dans l'exercice d'une juridiction proprement dite ; 2° dans certaines attributions spéciales, dont la plupart sont administratives et dans le détail desquelles je n'ai pas à entrer ici.

La juridiction des prud'hommes est restreinte aux contestations qui s'élèvent entre fabricants, d'une part, et ouvriers, d'autre part, à raison de leur branche commune d'industrie. Aussi, ne sont-ils pas compétents pour connaître des contestations qui s'élèvent entre fabricants, sauf en ce qui concerne les marques de fabrique, soumises spécialement à leur compétence.

Cette compétence n'est pas limitée, sous le rapport de la valeur du litige.

Les conseils se divisent en deux bureaux : *le bureau particulier*, composé de deux membres, un ouvrier et un patron, dont le rôle est de chercher la conciliation des parties; et *le bureau général*, qui peut, en matière disciplinaire, prononcer des peines allant jusqu'à trois jours de prison, pour les délits tendant à troubler l'ordre des ateliers, pour les manquements graves des apprentis envers leurs maîtres, etc., et qui juge les différends civils que lui renvoie le bureau particulier, après un essai infructueux de conciliation.

La présence de 5 des membres d'un conseil de prud'hommes, y compris le président ou vice-président, est indispensable pour la validité des décisions.

Les prud'hommes jugent, en dernier ressort, dans la limite de 200 francs en capital, et au delà de cette limite, à charge d'appel ; l'appel contre leurs décisions est porté devant le tribunal de commerce de la circonscription, et, à défaut de tribunal de commerce, devant le tribunal civil de l'arrondissement.

Enfin, quand il n'existe pas de conseil de prud'hommes, les affaires de leur compétence sont portées devant le juge de paix du canton.

Tribunaux de commerce. — Si la ville de Lyon a été dotée la première d'un conseil de prud'hommes, c'est à Toulouse qu'on voit apparaître le premier tribunal commercial. Dès l'an 1549, il était permis aux marchands de cette ville d'élire entre eux, chaque année, un prieur et deux consuls, pour connaître et décider, en première instance, de tous les procès qui seraient intentés à raison des marchandises, foires et assurances.

Au mois de novembre 1563, il fut enjoint au prévôt des marchands et aux échevins de la ville de Paris, de nommer et élire, en l'assemblée de 100 notables bourgeois, 5 marchands natifs et originaires du royaume, afin de juger tous procès et différends pour faits de marchandises seulement. Le premier élu fut nommé *juge*, et les 4 autres *consuls des marchands*,

Telle fut l'origine des tribunaux de commerce ; on en retrouve un double souvenir : dans la nomenclature des rues de Paris, où figure la rue des *Juges-Consuls*, et dans la conversation où l'on désigne souvent la juridiction commerciale sous le nom de *juridiction consulaire*.

C'est en 1790 qu'apparut le nom actuel et légal de *tribunaux de commerce*.

La loi du 24 août 1790, et un décret du 30 août 1848, admettaient tous les négociants à concourir à l'élection des juges de ces tribunaux. Mais le code de commerce de 1807, qui a été modifié en 1809 et en 1840, et remis en vigueur en 1852, confie cette élection à une assemblée de commerçants *notables*, dont la liste est dressée par le préfet et approuvée par le ministre du commerce. Le nombre des électeurs ne peut être au-dessous de 25 dans les villes d'une population de 15,000 âmes au plus, et dans les autres villes ce minimum doit être augmenté à raison d'un électeur par 1,000 âmes de population.

Les notables sont principalement les chefs des maisons les plus anciennes, les plus recommandables par la probité, l'esprit d'ordre et d'économie.

Pour être élu juge ou suppléant, il faut être âgé de 30 ans et exercer depuis cinq ans le commerce avec honneur et distinction ; pour être président, il faut avoir la qualité d'ancien juge et l'âge de 40 ans.

L'assemblée électorale se tient dans la ville où siége le tribunal à élire ; l'élection se fait au scrutin individuel, à la pluralité absolue des suffrages ; les élus, avant d'entrer en exercice, reçoivent l'investiture du chef du pouvoir exécutif et prêtent serment. Leurs fonctions sont purement honorifiques ; ils ne reçoivent aucun traitement ; enfin ils sont placés sous la haute surveillance du ministre de la justice. Le tribunal est renouvelé par moitié chaque année, de manière que le président et chaque juge ou suppléant restent en fonctions deux ans ; ils peuvent être réélus après une première période d'exercice ; mais la dernière période expirée, ils ne sont rééligibles qu'après un an d'intervalle.

Il y a près de chaque tribunal de commerce un greffier et des huissiers ; mais il n'y a pas, et quelques jurisconsultes le regrettent, de magistrat remplissant l'office de ministère public.

Les jugements des tribunaux de commerce doivent être rendus par trois juges au moins, soit deux juges et un président ; c'est d'ailleurs le chiffre minimum des membres de ces tribunaux, le chiffre maximum étant de 15 membres.

Les tribunaux de commerce statuent, en dernier ressort, sur les appels formés contre les décisions des prud'hommes. Ils connaissent de toutes contestations relatives aux engagements et transactions entre négociants, marchands et banquiers ; et entre toutes personnes, même non commerçantes, des contestations relatives aux actes de commerce ; enfin, ils ont dans leurs attributions tout ce qui concerne les faillites.

Ils jugent, en dernier ressort, tous différends commerciaux dont le principal n'excède pas la valeur de 1,500 francs;

quant aux autres contestations, ils ne les jugent qu'à charge d'appel, lequel est porté devant les cours d'appel.

Il n'existe pas dans toutes les villes de tribunal de commerce ; il n'en existe que là où le commerce et l'industrie ont une certaine étendue ; c'est le gouvernement qui en crée quand la nécessité s'en fait sentir.

Partout où il n'y a pas de tribunal de commerce, le tribunal civil de l'arrondissement en fait la fonction et connaît des matières commerciales ; on dit alors qu'il juge commercialement, ce qui veut dire que l'instruction des affaires, la forme des décisions, etc., sont réglées par la législation commerciale.

Il me paraît inutile de revenir sur les cours d'appel ; je passe donc, Messieurs, aux tribunaux de répression.

Justice répressive. — *Tribunaux de simple police.* — Ces tribunaux sont tenus le plus habituellement par les juges de paix ; néanmoins, il est des cas où ils sont occupés par les maires. Quel qu'il soit, le juge de simple police est assisté d'un greffier, et il a, en face de lui, pour représenter la loi, un magistrat chargé du ministère public ; c'est, selon la composition du tribunal, le commissaire de police ou l'adjoint au maire.

Les tribunaux de simple police statuent sur les contraventions dont la peine n'excède pas, soit cinq jours d'emprisonnement, soit 15 francs d'amende. Leurs jugements ne sont susceptibles d'appel qu'autant qu'ils prononcent un emprisonnement, ou que l'ensemble des condamnations pécuniaires, moins les dépens, dépassent 5 francs ; dans ce cas, s'il est interjeté appel, il est déféré au tribunal de police correctionnel de l'arrondissement.

Tribunaux de police correctionnelle et chambres des appels de police correctionnelle. — Les premiers sont une fraction des tribunaux civils de première instance, et les secondes une fraction des cours d'appel.

Tous les délits, non qualifiés crimes, toutes les contraventions dont la peine excède la limite imposée aux tribunaux de simple police, sont de la compétence du tribunal correctionnel, lequel doit être formé d'au moins trois juges; et les appels des jugements rendus par ce tribunal sont portés devant la chambre des appels de police correctionnelle, composée de cinq conseillers au moins, pour que ses arrêts soient valables.

Cours d'assises. — Il y a une cour d'assises par département; elle ne siége que lorsqu'il est nécessaire; elle se compose de trois conseillers, appartenant à la cour d'appel du ressort (l'un de ces conseillers remplit l'office de président), et de douze *jurés*, c'est-à-dire de douze citoyens tirés au sort sur une liste nombreuse qui est dressée, selon certaines formes légales, par les soins des autorités administratives des communes et du département.

La cour d'assises est chargée de juger les individus, qui, dans le principe, prévenus d'avoir commis un crime contre les personnes ou contre leurs biens, ont été, après une instruction publique et minutieuse, faite sur la requête du procureur de la République, par un juge du tribunal de première instance, renvoyés en qualité d'accusés devant la cour d'assises par une chambre de la cour d'appel, qu'on nomme *chambre des mises en accusation*.

L'accusé a en face de lui un représentant de la loi, appelé *ministère public*, qui met en lumière les preuves de sa culpabilité, et il a, auprès de lui, pour le défendre, pour faire éclater son innocence ou faire valoir les circonstances qui excusent ou atténuent son crime, un *avocat*, choisi par lui ou désigné d'office par le président.

Les jurés doivent tout écouter, sans manifester leur opinion ; ils sont, à la fin des débats, interrogés sur le fait même qui est reproché à l'accusé : a-t-il ou n'a-t-il pas commis tel crime ? dans telle ou telle circonstance ? Telles sont les questions auxquelles les jurés doivent répondre par oui ou par non, après en avoir délibéré dans une salle particulière.

Selon la réponse du *jury*, l'accusé est acquitté ou condamné ; c'est à la *cour*, c'est-à-dire aux trois conseillers qui la composent, qu'il appartient de prononcer, en conséquence, soit l'acquittement et la mise en liberté immédiate de l'accusé, soit la peine qu'il a encourue et sur le degré de laquelle la réponse du jury peut largement influer.

Les arrêts de la cour d'assises ne sont pas susceptibles d'appel ; mais ils peuvent être cassés par la cour de cassation, pour vice de forme ; dans ce cas, l'accusé comparaît, à une autre session, devant un autre jury et une autre cour.

Je passe, Messieurs, sans m'arrêter aux tribunaux exceptionnels de répression, à la **Cour de cassation**, cour suprême et unique, crée en 1790 et composée d'un premier président, de trois présidents de chambre, de conseillers, tous inamovibles ; d'un procureur général et d'avocats généraux, tous révocables.

Elle se compose de trois chambres : la *chambre civile*, la *chambre criminelle* et la *chambre des requêtes ;* la première s'occupe des affaires civiles, la seconde des procès correctionnels et criminels, la troisième enfin des questions qui intéressent la bonne administration de la justice, telles que les dénis de justice, les prises à partie contre un juge, la suspicion d'un tribunal, etc.

Le rôle de la cour suprême est de maintenir l'unité de la jurisprudence et de faire respecter la loi par ceux qui sont chargés de l'interpréter et de l'appliquer. Elle n'examine jamais le fond des affaires, et ne peut être saisie que pour vice de forme ou violation de la loi.

Celui qui pense que la loi a été violée par un jugement qui intéresse son honneur, ses droits ou ses biens, peut, quand il a épuisé tous les degrès de juridiction, se pourvoir devant la cour de cassation. Or, vous savez qu'il n'y a jamais plus de deux degrés de juridiction, et que, pour les affaires de minime importance, il n'y en a même qu'un. La cour de cassation peut donc être appelée à examiner, selon les cas, un jugement d'un juge de paix, une décision d'un conseil de prud'hommes, un jugement d'un tribunal civil, d'un tribunal correctionnel ou d'un tribunal de commerce, un arrêt d'une cour d'appel ou d'une cour d'assises. Le plus souvent, ce qui est déféré à l'examen de la cour de cassation, c'est un arrêt d'une cour d'appel pour une affaire civile déjà jugée par le tribunal de première instance ; si la cour de cassation casse l'arrêt, elle renvoie l'affaire devant une autre cour d'appel qu'elle commet à cet effet. Supposons que cette seconde cour décide comme la première et qu'un nouveau pourvoi soit adressé à la cour de cassation, celle-ci, jugeant, non plus en chambre civile, mais toutes chambres réunies, examine l'affaire à nouveau, et si elle casse encore l'arrêt, elle renvoie l'affaire devant une troisième cour d'appel, qui est obligée d'adopter la doctrine de la cour suprême : c'est ainsi, Messieurs, que se maintient en France, de Douai à Chambéry et de Besançon à Toulouse, l'unité de la loi française !

Je ne veux pas terminer ce qui a trait à l'administration de la justice, sans vous rappeler que les décisions des tribunaux doivent toujours être motivées.

Justice administrative. — *Conseils de préfecture.* — Le sage principe de la séparation des pouvoirs administratif et judiciaire, posé par la Constituante en 1790, exigeait la création d'une juridiction administrative ; cette juridiction ne fut cependant créée que dix années plus tard, par la loi du 28 pluviôse an VIII, qui plaça, dans chaque département, auprès du préfet, un conseil composé d'un petit nombre de membres révocables, nommés conseillers de préfecture, et chargé de deux sortes d'attributions : les unes *consultatives*, les autres *judiciaires*. Je ne veux vous parler que de ces dernières.

Elles sont relatives à des affaires qui intéressent à la fois l'administration et les particuliers, qui ne peuvent, à cause du principe de la séparation des pouvoirs, être portées devant la justice ordinaire qu'il importe de tenir éloignée de tout empiétement dans les affaires publiques, et qui cependant exigent un examen sérieux, entouré de toutes les formes protectrices que peuvent réclamer les intéressés, et exempt de partialité.

Telles sont les contestations auxquelles donne lieu l'assiette et le recouvrement des quatre contributions directes (personnelle et mobilière, foncière, des portes et fenêtres et des patentes), et les rôles des contributions locales qui sont assimilées à ces quatre contributions ; les différends qui se produisent à l'occasion des travaux publics, ou des marchés et entreprises de fournitures pour les divers services publics ; les contraventions en matière de voirie ; enfin, les difficultés qui s'élèvent en matière électorale.

Les conseils de préfecture ne peuvent jamais prononcer sur des questions de propriété ou autres analogues qui sont de la compétence des tribunaux ordinaires.

Leurs arrêtés sont motivés, selon la règle générale que je vous ai fait connaître ; sauf exception, ils jugent à huis-clos, sur production de mémoires et non sur plaidoiries. Cependant, il existe auprès d'eux un ministère public, qui est le secrétaire général de la préfecture.

Conseil d'État. — Il y a recours au conseil d'État contre les arrêtés des conseils de préfecture ; ce recours s'exerce, par voie de requête, dans le délai de trois mois à partir de la signification de l'arrêté.

Le conseil d'État, dont l'origine est presque aussi ancienne que la monarchie française, a, comme les conseils de préfecture, des *attributions consultatives* et des *attributions contentieuses*. Il remplit, pour les arrêtés des conseils de préfecture, le double rôle des cours d'appel et de la cour de cassation ; ce qui veut dire que, comme les premières, il examine au fond les affaires qui sont portées devant lui, et comme la seconde, il fixe la jurisprudence administrative et en sauvegarde l'uniformité.

Il est composé de conseillers d'État, de maîtres des requêtes et d'auditeurs, nommés pour un temps par le chef du gouvernement ; il se divise en sections, dont l'une est spécialement chargée du contentieux administratif.

Officiers ministériels. — Il importe, Messieurs, de ne pas abandonner la matière que j'ai entrepris de traiter dans cette leçon, sans vous avoir dit un mot des officiers ministériels. On appelle ainsi ceux que la loi a placés auprès des tribunaux, comme autant d'auxiliaires dans l'administration de la justice.

Je ne vais faire que les énumérer, en caractérisant très-succinctement leurs rôles divers.

Il y a d'abord les *notaires*, qui sont chargés de recevoir les actes et contrats auxquels les parties doivent ou veulent faire donner le caractère d'authenticité, d'en conserver le dépôt, et d'en délivrer des expéditions. On les appelait dans l'ancien temps *tabellions*.

Il y a ensuite les *huissiers*, qui sont établis près les tribunaux pour assigner les parties en justice, signifier et mettre à exécution les jugements et les autres commissions du juge. Ils ont été ainsi nommés, parce que ce sont eux qui gardent l'*huis* ou porte du tribunal.

Il y a les *greffiers*, qui écrivent les jugements et arrêts sous la dictée du juge, qui en conservent la minute et qui en délivrent copie ; les *commissaires-priseurs*, qui sont chargés de la prisée et de la vente publique des meubles et effets mobiliers, mis à l'enchère, soit après saisie, soit après décès, soit volontairement.

Il y a les *avoués*, qui se distinguent en avoués de première instance et avoués d'appel. Ils sont chargés de représenter les parties dans les instances civiles engagées devant les tribunaux civils et les cours d'appel. Leur ministère est obligatoire, en ce sens que la loi, dans l'intérêt de la paix publique, ne permet pas que les parties adverses dans un procès soient exposées, faute de sages intermédiaires, à des violences de langage qui dégénèreraient bientôt en voies de fait.

Ils portaient autrefois le nom de *procureurs.*

Il n'y a pas d'avoués près les tribunaux de commerce, mais il y a des hommes de loi, appelés *agréés,* parce qu'ils ne fonctionnent auprès de ces tribunaux, à la manière des avoués près les tribunaux civils, qu'avec l'agrément des juges consulaires.

Quant aux *avocats,* ce sont des licenciés ou des docteurs en droit qui se consacrent à la défense, de vive voix ou par écrit, des intérêts des citoyens. Leur ministère n'est pas obligatoire ; cependant, ce n'est qu'exceptionnellement que les tribunaux admettent un plaideur à présenter lui-même les faits de sa cause, et nous avons vu que le Code d'instruction criminelle exige que tout accusé soit défendu par un avocat, dût-on le désigner d'office au refus de l'accusé d'en choisir un.

Enfin, il y a près des deux cours suprêmes dans l'ordre judiciaire et dans l'ordre administratif, des officiers ministériels qu'on appelle *avocats à la Cour de cassation et au Conseil d'État.* Ils tiennent de l'avoué, en ce sens que leur ministère est obligatoire, et de l'avocat, en ce sens qu'ils portent seuls la parole devant ces deux hautes juridictions.

Je vous ai dit qu'en 1790 la Révolution avait aboli la vénalité des charges de judicature, c'est-à-dire des emplois de juge, etc. Mais elle n'a pas aboli la vénalité des offices ministériels, qui constituent de véritables patrimoines pour tous ceux que je viens de vous énumérer, sauf les avocats (mais y compris les avocats au conseil d'État et à la cour de cassation, qui sont en réalité des avoués.)

La justice se rend en France gratuitement, les appointements des juges et conseillers étant payés par le budget de l'État. On peut dire cependant que les procès coûtent très-cher, et l'on peut répéter, avec la sagesse des nations : *Mieux vaut un mauvais arrangement qu'un bon procès.* Pourquoi, Messieurs ? C'est qu'il faut payer, non-seulement les honoraires des officiers ministériels, avoués et huissiers, et des avocats, mais encore faire l'avance de sommes souvent fortes, pour copies de pièces, frais de timbre et droits d'enregistrement.

Aussi, a-t-on dû songer à rendre abordable pour les pauvres l'accès de la justice de leur pays. Il ne faut pas, en effet, que faute de pouvoir payer quelques dépenses, un individu sans fortune soit opprimé ou ne puisse réclamer ce qui lui est justement dû. C'est à quoi a pourvu l'institution de l'**Assistance judiciaire**, institution en vertu de laquelle ceux qui ont une action à intenter ou un procès à soutenir, mais qui ne pourraient faire les avances nécessaires, sont admis à présenter leurs moyens de preuve à un bureau spécial, placé près des cours et tribunaux. Ce bureau examine la demande et les moyens de preuve invoqués, émet son avis sur le bien-fondé de la prétention, et si elle lui paraît admissible, il délivre aux postulants un certificat en vertu duquel les pièces qu'ils ont à produire sont *timbrés et enregistrés en debet*, c'est-à-dire gratuitement à titre provisoire, et qui leur assure, provisoirement aussi, le ministère gratuit d'un avoué.

Je ne m'étendrai pas plus longuement, Messieurs, sur ce bienfait de la loi, qu'il me suffisait de vous indiquer pour vous démontrer que nul, fût-il indigent, n'est exposé à voir ses droits méconnus.

Je vais donc terminer ici cet exposé, déjà long, de l'organisation judiciaire, qui doit clore le cours de législation usuelle, tel que je l'ai conçu.

Permettez-moi, Messieurs, avant de prendre congé de vous, de vous répéter ce que je vous ai déjà dit. Je n'ai pas eu la prétention de faire de vous de faux savants, qui ne pourraient être que des déclassés.

Je n'ai pas voulu davantage vous mettre en état, quand vos intérêts seront en jeu, de vous passer du secours des hommes de loi ; vous pourriez vous égarer, en cherchant à faire seuls vos affaires, d'après ce que vous auriez retenu de cet enseignement ; les erreurs de ce genre peuvent être dangereuses.

Mais j'ai voulu vous permettre de bien comprendre ce que les gens du métier pourront vous conseiller au sujet de ces mêmes affaires, et de vous décider en connaissance de cause. J'ai voulu, pour certaines lois, telles que celles sur l'état civil et le recrutement, qui ne comportent pas l'emploi d'intermédiaires, vous donner un guide sûr pour toutes les occasions qui peuvent se présenter à vous d'appliquer ces lois.

Enfin, je puis dire d'une façon générale que j'ai voulu remuer dans votre esprit des idées et vous apprendre à penser ; faire de vous, en un mot, des hommes qui aient le respect d'eux-mêmes et de la société à laquelle ils appartiennent. Si j'y ai réussi, j'estimerai que mon but principal, qui est en même temps celui de l'association polytechnique, a été largement rempli.

FIN

TABLE DES MATIÈRES

FIN DE LA TABLE DES MATIÈRES

Paris. — Imp. J. Dejey et Cⁱᵉ, 18, rue de la Perle.

BIBLIOTHÈQUE DES COURS DE L'ASSOCIATION POLYTECHNIQUE

Cette Bibliothèque est une publication officielle faite par le Conseil de l'Association Polytechnique. Chaque ouvrage ne paraît qu'après examen et avec l'approbation du Conseil. Cet examen a pour but de choisir, dans la grande variété des cours professés, ceux qui semblent conçus dans l'esprit le plus pratique et suivant les méthodes les plus simples. Ce contrôle respecte la liberté des auteurs qui gardent la responsabilité de leurs théories ou de leurs opinions dans l'ordre purement scientifique ou littéraire.

Publiés dans ces conditions, sous un patronage aussi autorisé, ces traités élémentaires constituent un système complet d'enseignement primaire supérieur ; ils serviront de guides aux maîtres pour l'enseignement libre des adultes. Un tel répertoire de connaissances utiles répond aux besoins d'une classe très-nombreuse de la société.

Par cette bibliothèque de vulgarisation, l'Association Polytechnique développe ainsi sa grande œuvre d'Instruction populaire.

OUVRAGES PARUS OU EN PRÉPARATION :

Notions générales d'Astronomie populaire, par M. Emile Mouchelet, avec une préface par M. Dumas. 1 volume in-12. 2 fr.

La Vapeur et l'Électricité appliquées aux Arts et à l'Industrie, par M. G. Dumont. 1 volume in-12, avec nombreuses figures intercalées dans le texte. . . . . 2 fr. 50

Droit civil et commercial, par M. E. Prat... . . . 2 fr. »

Grammaire française, par M. Edm. Donay. . . . . 1 fr. »

Principes de mécanique générale, par M. J. Lonchampt. Prix. . . . . 1 fr. »

Notions pratiques d'Hygiène populaire, par M. le docteur L. Picqué. . . . . 1 fr. »

Abrégé de la Grammaire anglaise, par M. E. Sanderson.

Leçons de musique instrumentale, par M. A. Hervé.

Technologie minérale, par Georges Lépany, ingénieur.

Conférence sur les chemins de fer, par G. Lépany.

La Géométrie pour tous, par M. F. Martin-Sabon.